실패의 달인이 전하는 진심
1승이 간절한 그대에게

1승이 간절한 그대에게
『실패의 달인이 전하는 진심』

초판인쇄	2024년 05월 01일
2쇄인쇄	2024년 05월 16일
3쇄인쇄	2024년 07월 01일

지은이	엄기성
발행인	오효진
편집인	손지혜, 김웅기
디자인	백미숙

펴낸곳	출판사 북새바람
문의	050-4866-1015
팩스	0507-090-0447
이메일	hj3733@naver.com
등록번호	제2017-000014호
신고일자	2017년 8월 22일

ISBN 979-11-970970-8-9(03810)

※ 이 책의 무단전재와 무단복제를 금하며, 책 내용의 전부 또는 일부를 이용하려면
반드시 저자의 동의를 받아야 합니다.
※ 이 책의 판매처는 온오프라인 서점 및 저자에게서 바로 구매하실 수 있습니다.

1승이 간절한 그대에게

엄기성 지음

실패의 달인이 전하는 진심

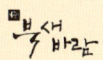

목 차

1부. 실패를 통해 도전의 아름다움을 말하는 남자

나는 당신의 기둥이고 싶다   013
우물 안의 개구리 강원도 감자 소년   020
인생 첫 도전, 최연소 축구심판이 되다   028
아버지가 닦아주신 군화   036
시련은 있어도 실패는 없다   043

2부. 매 순간 후회 없이 최선을 다하는 남자

9회 말 역전 홈런, 끝내 대기업 빗장을 풀다   053
새벽 5시에 시작하는 하루, 평균 10개의 스케줄   063
같은 환경 다른 운명, 변수는 무엇일까   070
인생은 속도보단 방향, 토너먼트가 아닌 리그   077
그 어떤 순간도 무의미하지 않다   084

3부. 최고의 전략은 진심이라고 말하는 남자

따뜻한 마음은 의외로 힘이 세다 097

1만 명의 인맥, 정성으로 엮고 진심으로 가꾸는 일 106

때로 상처받지만 후회 없는 오지라퍼 114

기둥이 되고 싶은 엄기성의 윙맨들 122

진심을 다해 가치를 전하는 인생 130

4부. 당신의 친구, 동료가 되고 싶은 남자

멀리 가려면 함께 가라 143

친애하는 나의 '에드윈 스탠턴'에게 153

'잘 되면 네 탓, 잘못되면 내 탓' 162

단상에 함께 오르자 171

5부. 당신의 모티베이터가 되고 싶은 남자

실패한 경험은 없다 183

진짜 흙수저는 마음이 가난한 사람이다 192

넘어지지 않는 법만 배우면 결국 일어서는 방법을 모른다 201

살다 보면 안다, 인성은 정말 스펙이 된다 209

나는 4등 정도 되는 사람이고 싶다 217

에필로그 225

프롤로그

　나는 올해 마흔이다. 공자는 마흔을 유혹에 빠지지 않는 불혹(不惑)의 나이라 했고, 맹자는 흔들림이 없는 부동심(不動心)의 나이라고 했다. 링컨은 마흔 살이 되면 자기 얼굴에 책임져야 한다고 말했다. 동서고금을 막론하고 마흔이란 나이가 주는 무게와 느낌은 남다른 듯하다.
　엄기성의 소감은? 무사히 마흔이 되어서 정말 기쁘다! 인생의 중반부로 접어든 지금이 인생의 절정이자, 보람차고 충만한 삶을 향해 나아가는 도약의 시기라고 생각한다. 주름살이 늘고 군살도 붙었지만 나이테라고 생각하면 꽤 괜찮아 보인다. 껍데기는 나이 들었어도 마음은 이십 대 그대로다.
　그렇다면 도전정신도 팔팔하게 살아 있을까?
　스스로 물어보니 즉각 답이 돌아온다. 뭘 물어, 당연한걸!

《예기(禮記)》에서는 마흔을 강사(强仕)라고 하여 벼슬에 나아갈 나이라고 했다. 그런데 나는 벼슬은커녕 다시 학생으로 돌아간다. 강원대 미디어커뮤니케이션학과 박사과정에 응시해 최종 합격했다. 학부는 정치외교학과이고 석사는 교육행정학과를 졸업했지만, 평소 관심 있었던 언론 쪽을 공부해 보고 싶어서 과감하게 도전했다.

올해 못 붙으면 내년에 다시 도전할 생각이었는데 덜컥 합격해 버렸다. 험난한 길이 예상되나 이번에도 최선을 다하려고 한다. 사실 진로 취업 전문가로서의 본업뿐 아니라 벌여 놓은 일, 도와야할 일이 산더미다. 그런데도 공부할 생각에 싱글벙글한 거 보면 나도 나를 못 말리겠다.

책 쓰는 일도 그렇다. 하루를 쪼개어 사느라 시간이 없고, 제대로 글을 써본 적도 없으면서 해보자는 마음 하나로 무작정 시작했다. 아내가 등 떠밀며 자신감을 심어주었지만 이렇게 힘든 일인 줄 몰랐다. 강의할 때 학생들과 함께 복창하던 "나는 할 수 있다!"를 매일 스스로 외쳐야 했다. 가족들과의 시간은 포기할 수 없었기에 지인들과의 만남, 잠을 줄여가며 글을 썼다.

작년엔 개인적으로 사건사고가 많아서 작업이 쉽지 않았다. 그래도 포기가 곧 실패라고 생각하는 사람이기에 파김치가 된 날도 컴퓨터 앞에 앉았다. 힘들게 작업한 탓에 마침표를 찍으면 후련할 줄 알았다. 그런데 왠지 울컥해서 한동안 책상 앞에 앉아 있었다. 짧다면 짧고 길다면 긴 내 삶을 돌아보며 여러 가지 감상이 들었기 때문이다. 무엇보다 자신에게 고마웠다. 인생에 우여곡절이 많았으나 쓰러질지언정 포기하지 않고 살아왔기 때문이다.

"여러분, 저를 보세요. 쥐뿔도 없는 강원도 감자 소년도 여러분 앞에서 강연하는데, 저보다 백배는 훌륭한 여러분은 더 잘살 수 있지 않겠습니까? 인생에 시련은 있어도 포기하지 않는 한 실패는 없습니다."

현재 학생과 취준생에게 자신감을 심어주고 동기부여하는 진로 취업 전문가로 활동하면서 내 인생을 통해 이런 메시지를 전할 수 있다는 점이 감사하다. 젊을 땐 철없는 객기로 좌충우돌하기도 했으나, 그러한 인생 경험이 있었기에 실패와 도전을 말할 수 있다고 생각한다.

내가 청중 앞에 서는 이유는 잘나서가 아니다. 나 역시 완전하지 않은 미생(未生)이다. 바둑을 잘 모르는 분들을 위해 설명하면, 바둑에선 돌이 두 집을 이뤄야 완생(完生)이다. 그렇지 못하면 미생이나 사석(死石)이 된다. 미생은 완전하진 않지만 사석과 달리 가능성을 내포하고 있다는 점에서 희망이 있는 돌이다. 나는 미생인 내 삶의 이야기를 전하며 여러분과 함께 완생으로 나아가고 싶다. 이 책이 꿈을 크게 키워야 할 우리 아이들, 자신감이 필요한 취업 준비생, 삶에 지쳐 용기가 필요한 분들에게 단 1%라도 힘이 되길 바라는 것이 나의 작은 소망이다.

주책맞게도 나에게 전하는 감사부터 시작했으나, 정말 감사한 분들은 따로 계신다. 책을 쓰면서 내가 참으로 큰 사랑 속에서 성장했고, 지금도 사랑받고 있음을 새삼 깨달았다. 부족한 엄기성을 늘 곁에서 지켜주시는 분들께 이 자리를 빌려 감사를 전하고 싶다.

먼저 나의 기둥이신 부모님. 내가 사랑의 정의를 안다면 그건 두 분 덕분이다. 헤아릴 수 없이 큰 사랑 속에서 키워주시고, 지금도 든든한 버팀목이 되어주셔서 감사할 뿐이다. 어머니 아버지, 진심으로 사랑하고 존경합니다.

소중한 아내! 모처럼 시간이 난 월요일 오전, 딸 등교를 시켜주고 아내를 위한 꽃다발을 준비했다. 육아와 일, 공부를 병행하는 아내에게 늘 미안한 마음만 가득이지만 사랑하는 마음도 한가득이다. 사랑합니다!

사랑하는 딸아. 정말 어렵게 찾아와 준 세상 하나뿐인 내 피붙이. 너에게 존경받는 아빠는 아니더라도 친구 같은 아빠가 되어주겠다고 약속할게. 지금처럼 밝고 건강하게만 자라렴.

하늘의 별이 된 내 동생! 시간이 지나도 그리운 마음에는 변함이 없다. 동생이 천국에서 늘 행복하길 바라고 있다. 언제나 너를 기억하며, 형이 네 몫까지 두배로 열심히 살아갈게! 사랑한다.

그리고 내 인생의 롤 모델이 되어주신 강원대학교 권영중 총장님,

제2의 인생을 열어주신 진로 취업 전문가 금두환 교수님께도 존경과 사랑을 보낸다. 늘 함께 기도해주시는 춘천 한마음 교회 공동체 분들, 특히 29 작은 교회 식구들의 고마움도 잊지 않고 있다.

이 자리에서 이름을 하나하나 언급하지 못한 지인분들에게도 인사드리고 싶다. 성격이 급하고 때로 실수도 하는 엄기성을 어여삐 보아 주시고 늘 힘을 실어 주신 점 머리 숙여 감사한다. 앞으로는 고마움을 더욱 자주 전하고, 별명처럼 여러분의 든든한 기둥이 되겠다고 약속드린다.

마지막으로, 항상 마음을 열고 강의를 듣고 내가 전한 에너지를 곱절로 돌려준 학생과 취준생 여러분에게도 진한 감사와 응원을 전한다. 여러분 한 명 한 명은 특별하다. 현재 상황이 어떻든 나의 본질과는 아무 상관이 없다. 여러분 모두의 내면엔 위대함이 살아있다. 그러니 다른 사람의 의견이 아닌 나의 가능성을 바라보고 자신감을 가졌으면 좋겠다. 이 책이 그런 깨달음의 작은 초석이 되기를 바라고 또 바란다.

봄이 오는 내 고향 강원특별자치도 철원에서

엄기성

PART 1.

실패를 통해

도전의 아름다움을

말하는 남자

실패의 달인이 전하는 진심
1승이 간절한 그대에게

나는 당신의
기둥이고 싶다

"맨 뒤, 들리세요?"

3월 초, 지방 소재의 한 대학 강연장에서 마이크를 끄고 소리쳤다. 끝자락에 앉은 학생이 오케이 사인을 보냈다. 나는 고개를 끄덕이고 마이크 없이 강연하겠다고 했다. 이유는 하나, 내 에너지와 진심을 온전히 전하고 싶어서다.

"안녕하세요, 엄기성입니다. 저는 사람들이 소위 말하는 지잡대 출신입니다."

그 말에 학생들의 시선이 하나둘 쏠렸다. 멀리서도 목소리가 들리도록 배에 힘을 주고 크게, 또박또박 말을 이어갔다.

"고등학교 때 공부를 못해서 이름도 모르는 대학에 입학했습니다. 제 첫 번째 꿈은 장교였지만 척추측만증으로 좌절되었습니다. 편입시험도 보았습니다. 네번이나 낙방한 걸 보면 아무래도 머리가 나쁜가 봅니다. 취업도 쉽지 않았어요. 180곳 넘는 곳에 원서를 넣었으나 서류 광탈이 90%에 가까웠습니다."

딴짓하던 학생, 관심 없어 보이던 학생도 서서히 귀기울이는 게 느껴졌다. 아무리 좋은 이야기도 상대가 관심을 주지 않으면 소용없다. 준비한 내용을 빠짐없이 전하고 싶은 마음에 목이 좀 탔다.

"그런데 저는 계속된 실패 원인이 흙수저, 지잡대 출신 때문이라고 생각하지 않았습니다. 노력이 충분하지 않았고, 방향 설정을 제대로 하지 못한 탓이었죠. 얼마 전 취업 상담을 받은 친구가 드라마 〈SKY 캐슬〉 대사를 말하더군요. 인생은 피라미드다, 밑바닥에 있으면 짓눌리고 정상에 있으면 누린다. 일종의 신세한탄이었어요. 그 드라마를 안 봐서 내용을 몰랐다가 최근에 조금 봤습니다. 저는 극 중 아들의 대사를 들려주고 싶네요. 세상이 왜 피라미드야? 지구는 둥근데!"

좌중에 잔잔한 웃음이 퍼졌다.

"미래에 대한 여러분의 고민을 잘 알고 있습니다. 저도 지나온 길이기 때문입니다. 그런데 인생을 좀 살아온 선배가 되고 보니 이런 말이 하고 싶습니다. 젊은 그대들이여, 뭐가 그리 불안하고 두려운가요? 세상은 넓고 당신은 아직 젊습니다.

도전만 하면 실패를 맛보았던 제가 감히 한마디 합니다. 인서울이 아니라고, 나는 가진 것이 없다고, 미래가 막막하다고, 자신감 없이 풀 죽어 있는 모습은 여러분에게 어울리지 않습니다. 성실하게 한 걸음씩 나아가는 습관, 작은 것부터 차곡차곡 쌓아 가는 지혜, 최선을 다하는 마음가짐만 있다면 이루지 못할 것이 없습니다.

저는 낙방 끝에 강원대 정치외교학과에 편입했고, 편입생 최초의 총학생회장이 되었습니다. 무수한 실패를 딛고 결국 1승을 거머쥐어 롯데그룹에 공채로 입사했고, 2년 연속 영업왕이 되었어요. 그리고 이제 진로 취업 전문가로서 여러분들 앞에 섰습니다. 보잘것없는 저도 잘살고 있는데 여러분은 무엇이든 할 수 있습니다."

약 10분간의 강연이 끝나자 감사하게도 박수가 터져 나왔다. 객석의 학생들 얼굴이 시작 전보다 밝은 것으로 보아 강연 내용이 마음을 건드린 듯하다. 푸른 젊음들이 도전도 해보지 않고 꺾이지 않길, 내 이야기가 삶의 방향을 설정하는 데 작은 도움이라도 되길 바라며 강연장을 나섰다.

교정에서 통화하고 있는데 학생 한 무리가 지나가면서 인사했다. 몇몇은 엄지를 치켜들고 "멋있어요!", "강의 짱이었어요!" 하고 외쳤다. 긍정적인 피드백을 들으면 늘 기분이 좋다. 자만하지 말자, 일희일비하지 말자 다짐해도 가슴속에서 기쁨이 피어오른다.

그런데 일과를 마치고 데스크톱 앞에 앉은 나는 전혀 멋있지 않았다. 한자씩 써 내려가다 지우고, 머리를 쥐고, 한숨을 쉬었다. SNS에 삶의 궤적을 기록하며 글을 제법 써왔지만 책 쓰기는 차원이 다른 작업이었다. 처음으로 삶 전체를 조망해 보고 이런 얘길 써도 괜찮을지 고심했다. 진도가 나가지 않을 땐 죽을 맛이었다.

막막한 심경의 원인을 따라가 보았다. 글쓰기에 대한 두려움도 있지만 '내가 책 쓸만한 자격이 있는 사람일까?' 하는 걱정이 마음에 도사리고 있었다. 잠깐. 실패의 달인, 도전의 달인이 이런 걱정을 한다고? 나는 하루가 멀다고 강단에서 자신감, 자존감, 도전이 아름다운 이유에 대해 말하는 사람이다. 그러자 피식 웃음이 나고 천천히 마음이 다잡아졌다.

'있는 그대로의 나를 거짓 없이 보여주자. 뚝심 있게 나아가자.'

있는 그대로의 나, 엄기성은 어떤 사람인가. 다른 이의 시선에서 보면 나는 참 다양한 모습이 있는 사람이다. 누군가는 나를 최연소 축구 심판으로, 누군가는 전국노래자랑에서 1등을 차지한 끼 넘치는 청년으로 기억한다. 전 직장 분들은 아직도 '롯데의 송해'로 여기신다.

"엄 대표가 한때 이름 좀 날렸었지."

이런 말씀은 언제 들어도 기분이 좋다.

별명도 꽤 많은 편이다. 어릴 때 장교가 되고 싶어 해서 '짬밥'이라 불렸고, 선생님들에겐 '애늙은이'였다. 아르바이트했던 중국집 사장님과 손님들에겐 '번개'다. 진로캠프에서 신나게 지낸 친구들은 '슈렉'을 닮았다고 웃었다. 잘생긴 연예인 별명도 있지만 낯 간지러워서 적진 못하겠다. 무엇이든 기분 좋게 받아들인다. 그게 다 관심이고 내가 친근해서라고 생각하기 때문에.

가장 마음에 드는 별명은 대학 때 친구들이 지어준 '기둥'이다. 그 별명은 지금도 이름처럼 사용한다. 사회생활을 하며 만난 분들은 엄기둥이 본명인 줄 아는 경우가 많다. 기둥은 어느덧 내 정체성이 되었다. 나는 자신을 이렇게 소개한다.

"지치고 힘들 때 기댈 수 있는 남자 엄기둥입니다."

그럴 깜냥이 될지는 모르겠지만 내 곁의 사람들에게 기둥이 되기 위해 노력하며 살고 있다.

　기둥이 되고 싶은 남자에게도 기둥 같은 분이 계시다. 기둥 위의 기둥, 우리 아버지다. 어린 시절 금요일 저녁엔 서울로 일하러 가신 아버지가 돌아오셨다. 나는 동생과 손을 잡고 사거리로 마중을 나갔다. 멀리서 먼지를 뒤집어쓴 파란색 트럭이 오면 우리 형제는 와다닥 뛰어갔다.
　고된 일에 피곤하실 법도 한데 아버지는 항상 밝은 얼굴이었다. 돈은 다른 집 아버지들보다 조금 덜 벌어도 세상에서 가장 좋은 우리 아버지. 아버지는 형제를 싣고 드라이브를 시켜주셨다. 손잡이를 돌돌 돌려서 창문을 내리면 탁 트인 하늘과 넘실대는 철원 평야가 눈에 들어왔다. 매번 보아도 질리지 않는 풍경이었다.
　가끔 오토바이를 탈 때도 있었다. 아버지 뒤에 동생, 그 뒤에 내가 타서 서로 허리를 찰싹 껴안으면 맨 뒤에 어머니가 올라타셨다. 아버지의 오토바이는 가족을 실은 채 흙이 날리고 덜컹거리는 비포장도로를 달렸다. 신나고 재밌고 따뜻했던 기억. 돈으로도 살 수 없는 값진 추억이다.
　젊은 가장은 세월과 함께 나이가 들었다. 어린 소년도 불혹의 나이가 되어 가정을 이루었다. 얼마 전 내가 주최한 풋살 대회에 아버지가 오셨다. 선수들의 건강이 염려되는 폭염의 날씨였다. 투석하느라 몸도 편찮으신 아버지가 관객석에 앉아 계신 게 영 마음이 쓰였다.

안으로 들어가시라는 만류에도 아버지는 말없이 모자를 고쳐 쓰고 부채를 부치셨다. 경기가 끝날 때까지 움직이지 않을 태세였다. 사무국으로 향하며 뒤를 돌아보았다. 아버지가 웃으며 손을 흔드셨다. 괜히 울컥했다. 몸집이 왜소해졌지만 여전히 태산같이 내 곁을 지키고 계셔서다. 요즘은 내가 당신의 기둥이 되고 싶다고 생각을 많이 한다. 아버지가 덕분에 나도 기둥 같은 사람이 되어가는 중이다.

여기, 누군가의 인생에 작은 힘이라도 되길 바라는 마음으로 사십 평생 이야기를 풀어 놓는다. 잘난 건 없지만 숱한 도전과 실패를 경험한 사람으로서 당신 손을 잡고 함께 파이팅을 외쳐주고 싶다. 강연장에서만큼 목소리가 크지 않을 것이다. 객석의 표정이 보이지 않고 잘 들리냐고 물어볼 수도 없다. 그래서 더 진중하게, 천천히, 진솔하게 말하려고 한다.

"당신의 기둥이 되고 싶은 남자 엄기성의 이야기를 지금 시작하겠습니다."

우물 안의 개구리
강원도 감자 소년

　아이들 앞에 서는 건 긴장과 설렘의 연속이지만 모교에 갈 때는 설렘이 쪽이 조금 더 크다. 내가 뛰어놀던 운동장을 가로질러 매일 오르락내리락하던 건물로 들어가는 기분은 특별하다. 리모델링을 싹 해서 과거 모습은 없지만 추억은 늘 그 자리에 남아 있다.

　"방학 때 하고 싶은 일 다섯가지만 적어보자!"

　"아무거나 적어도 돼요?"

　"그럼. 무엇이든 일단 꺼내 봐."

　미션을 받은 귀여운 초등학교 후배들이 뭔가 쓰기 시작한다. 아이들이 바라는 건 소박하다. 휴대폰 사용시간 늘리기, 살 빼기, 부모님과 여행 가기 등. 나의 진로 탐색 수업은 아이들 마음의 물꼬를 트는 것부터 시작한다. 내가 바라는 게 뭔지 생각할 기회를 주고, 그걸 말할 수 있는 자신감을 키워주려 함이다. 도랑의 물꼬를 트면 시냇물이 되고, 강물을 이루고, 결국 바다에 이르지 않던가.

시골 출신이라 그런지 고향 아이들이 애틋하다. 대도시 아이들과 달리 꿈을 탐색할 기회가 부족하기 때문이다. 그래서 내가 할 수 있는 일이 있다면 돕고 싶다. 하고 싶은 게 많던 어린 시절 엄기성이 생각나서 그런 듯하다.

마침 한 녀석이 축구에 관심이 있어 보였다. 방학 때 하고 싶은 일이 축구경기 관람이란다. 축구라면 또 내가 조예까진 아니더라도 인연이 깊지. 발표를 시켜 얘길 들어보니 역시 축구 선수가 꿈이었다. 그 아이를 내가 주최하고 운영하는 철원컵에 초대하겠다고 약속했다. 후배를 위한 일이라면 두 팔까진 못 걷어도 할 수 있는 일은 꼭 한다.

"쌤. 저 오버헤드킥 연습 중인데 성공할 것 같아요."

"어린 나이에 대단한걸?"

"아마 국대도 할 수 있을걸요."

"최선을 다한다면 가능하지. 목표가 있는 사람과 없는 사람의 미래는 달라."

그 아이는 유독 에너지 넘치고 자신만만했는데 내 어린 시절이 떠올라서 웃음이 났다. 엄기성야말로 쥐뿔도 없으면서 무한 긍정의 아이콘이었다. 나 같은 아이를 보면 꿈을 포기하지 않고 잘 자라길 바라는 마음에서 한마디씩 더 얹게 된다.

모두 알다시피 철원은 접경지역이자 곡창지대다. 이곳 아이들은 군인의 자식이거나 농부의 자식이다. 농부의 자식이었던 나는 군인이 되고 싶었다.

철원에 수해가 나거나 농사철이 되면 군인들이 대민지원을 나와서 봉사활동을 했다. 〈태양의 후예〉처럼 멋진 군인의 모습을 보고 반한 것도 아니고, 팔 걷어붙이고 사람들을 돕는 모습에 매료되었다. 어릴 때부터 사람들이 꿈이 뭐냐고 물으면 군인, 장교라고 대답했다. 당시 친구들이 붙여준 별명이 짬밥이다. 처음 만든 이메일 아이디가 'jjambabwin'인데 지금도 사용하고 있다.

친구들은 장교가 되려면 육군사관학교란 곳에 가야 하고 공부를 엄청 잘해야 한다고 했다. 나는 내 성적 수준에 대한 감각이 없었다.

'공부, 까짓거 필요하면 열심히 하면 되지.'

막연하게 뭐든 하고 싶은 게 생기면 할 수 있다고 생각했다.

내가 공부보다 좋아한 건 운동이다. 친구들을 따라서 육상부, 수영부 활동을 했다. 당시 내 친구들은 운동을 잘해서 선생님이 맛있는 거 사주며 운동시키던 애들이었다. 나는 운동을 좋아하는 것에 비해 소질은 없었다. 선생님도 참 곤란하셨을 거다. 그런 애가 꼬박꼬박 운동하러 나오고 대회에도 나가고 싶어 했으니까.

가장 좋아한 운동은 축구다. 추수가 끝난 철원 평야와 학교 운동장에서 공을 차며 많이도 뛰어다녔다. 그런데 냉정하게 말해 나는 축구에 적합하지 않은 몸이었다. 평발, 오리궁뎅이, 안짱다리는 축구선수에겐 치명적인 단점이다. 지금은 키가 크고 살도 쪘지만 고등학교 때까진 왜소하고 체력이 약했다. 오기로 달리다 쓰러지고, 코피도 흘렸다.

매일 땀을 뻘뻘 흘리며 공을 찼다. 리프팅과 헤딩을 연습하고, 언젠가 축구선수가 되고 싶다는 꿈을 간직했다. 나는 '싶다'는 마음이 현실을 압도하는 아이였다. 내 단점을 보란 듯이 극복하고 주장 완장도 팔에 차고 싶었다. 하지만 신체적 단점 때문에 축구선수는 어렵다는 생각을 가졌을 무렵 신문에서 눈이 번쩍 뜨이는 광고를 보았다.

'강원도 축구심판 양성교육.'

순간 이거다 싶었다. 생활체육 축구심판이고 교육기간은 2박 3일이었다.

생각해 보니 축구경기엔 양 팀 22명의 선수 말고 중요한 존재가 하나 더 있었다. 옐로카드와 레드카드를 가슴에 품고 필드를 누비며 선수들이 정정당당한 플레이를 할 수 있도록 하는 사람, 바로 심판이다. 머릿속엔 벌써 축구심판이 된 엄기성의 모습이 생생하게 그려졌다.

홀린 듯이 광고에 나온 전화번호로 전화를 걸어서 위치를 정확히 묻고 부모님의 허락을 받았다. 씩씩하게 인사하고 홀로 버스를 타러 가는 소년 엄기성은 과거 보러 가는 사람처럼 비장했다.

철원 촌놈이 혼자 춘천, 원주에서 버스를 갈아타고 태백까지 갔고 4시간 반이나 걸려서 교육장에 도착했다. 교육생은 총 육십명. 나 빼고 모두 성인이었다. '저 꼬맹이는 뭐야?' 하는 눈빛이 느껴졌다. 이십대부터 우리 아버지 또래까지 다양했고, 선수 출신도 섞여 있었다. 나이 제한이 없지만 이렇게 어린 애가 올 줄 몰랐을 것이다. 어른들 틈에 혼자 섞여 있으려니 긴장도 됐다.

하지만 다행히 소년 엄기성은 타고난 친화력의 소유자였다. 얼른 분위기에 적응해서 열심히 교육받고, 집에 갈 땐 축구심판 타이틀을 얻어가고 싶었다. 누가 시키지 않았는데 어른들을 형이라 부르며 따라 다녔다. 막내 노릇한다고 양말을 수거해서 빨고, 밤엔 평가위원장님 이불도 깔아 드렸다. 식사시간엔 일일이 맛있게 드시라고 인사하며 다녔다. 시꺼먼 얼굴에 돌밤탱이 감자 같은 놈이 주눅도 안 들고 살갑게 구니 금방 귀여움을 받았다.

그땐 축구를 배운 사람을 속된 말로 '족쟁이'라고 불렀다. 첫 만남 때 아무것도 모르면서 왜 왔냐고 하던 족쟁이 형들이 날 붙잡고 이것저것 알려주었다. 몇 번 알려준다고 당장 몸에 익는 기술들이 아니었지만 감사한 마음으로 배웠다.

시험은 필기와 실기로 나뉘어 치렀다. 구보 100m와 2000m에선 어른들을 제치고 3등 했다. 하지만 결과는 탈락이었다. 모두 예상한 결과였는데 혼자만 합격을 자신했던 터라 충격이 컸다. 축구 이론은 하루아침에 익힐 수 없고, 시험은 다른 사람에게 잘 보인다고 통과할 수 있는 게 아니었다. 세상은 그렇게 순진한 어린아이의 주먹구구식으로 움직이지 않았다. 내가 준비되어 있지 않다는 걸 그땐 인정하기 어려웠다. 집으로 돌아가는 길, 버스 안에서 질질 울었다.

난 우물 안의 개구리였다. 그 안에서 행복하고 만족스러웠다. 부모님의 자랑스러운 아들, 동생의 든든한 형, 학교에선 반장이었다. 웅변대회에서 1등하고, 제법 운동장도 누비고 다녔다. 그런데 우물 밖에서 부족한 사람일 뿐이었다.

집에 오자마자 가방을 팽개치고 엉엉 울었다. 심판 자격증을 딸 수 있다는 순진한 믿음이 좌절되자 그 화살을 부모님에게 돌려 버렸다. 왜 나에게 축구를 제대로 가르쳐주지 않았냐며 소리를 빽 질렀다. 처음으로 부모님을 향한 원망이 피어올랐다. 자신만만하게 나갔던 아들이 서럽게 울자 부모님의 표정도 무너졌다.

아들이 좋아하는 걸 적극 지원해주지 못했다는 미안함 때문인지 어머니는 내 손을 잡고 눈물을 보이셨다. 차라리 부모에게 그런 소릴한다고 야단쳤다면 더 대들었을 텐데, 아버지의 미안하다는 말에 원망이 반 정도는 사라졌다. 이어서 아버지가 등짝을 후려치셨다.

"이놈 자식아! 세상 끝났어?"

그 말이 맞았다. 세상은 끝나지 않았다. 알면서도 처음 맛본 실패가 너무 쓰고 아팠다.

동양의 고전 《장자》의 '추수(秋水)' 편을 보면 "우물 안에 살고 있는 개구리에게 바다를 이야기해도 알지 못하고, 여름벌레에겐 얼음을 말해도 알지 못한다"라는 이야기가 나온다.

우물 안 개구리에게 어떻게 바다를 설명하겠는가. 우물이란 작은 세상이 그의 전부일 텐데. 여름벌레도 겨울을 알지 못하니 얼음의 존재를 알 수 없다. 특정 장소, 한정된 시간에 묶여 있다 보면 이 세상에 엄연히 존재하고 있는 것을 상상할 수 없다.

나는 우물 밖으로 처음 고개를 내민 개구리였다. 내가 잘난 줄 알고 살았는데 우물 밖에선 아무것도 아니었다. 실패를 맛봤지만 숨고 싶진 않았다. 큰 세상에서도 내가 잘할 수 있을지 궁금했다. 노력한다고 될진 모르나 도전은 해보고 싶었다.

신기한 건 어린 마음에도 우물을 떠날 생각은 없었다는 것이다. 다시 돌아와서 내가 머물던 곳을 바다처럼 넓히고 싶었다. 엄기성이 나고 자란 우물은 비록 작지만 행복하고 따스한 곳이었기 때문이다.

인생 첫 도전,
최연소 축구심판이 되다

　3학년 때까지 전교생이 6명인 작은 학교에 다녔다. 형 누나들과 옹기종기 모여서 공부하다가 4학년 때 전교생이 500명인 학교로 전학 갔다. 처음 교실에 들어갔을 때 무척 놀랐다. 이렇게 많은 동급생이 한 반이라니. 갑자기 큰 세계로 들어가서 약간 주눅 들었지만 외향적인 성격이라 금방 아이들과 친구가 되었고 2학기엔 반장까지 꿰찼다.

　누군가는 '전학생 주제에'라면서 눈을 흘겼다. 겉모습과 달리 마음은 여려서 싫은 소리 들으면 상처를 쉽게 받았다. '나랑 친구 하자, 나 괜찮은 아이야.' 이걸 보여주고 싶어서 항상 먼저 다가갔고 무슨 일이든 열심히 했다.

'전학생 주제'에 5학년 땐 학교 웅변대회에 나갔다. 분교에 다니던 때 이미 철원군 대회에서 1등 한 적이 있어서 솔직히 자신 있었다.

'이번에야말로 나를 보여줘야지!'

학교 가기 전 원고를 외우고, 학교 다녀온 후엔 거울을 보며 연습했다. 약 30년이 지난 지금도 그날의 웅변 내용을 기억하고 있다.

대회 당일, 자다가도 외울 만큼 연습했기에 원고를 탁자에 내려놓았다. 정면을 응시하니 친구들, 선생님이 보였다. 많은 사람이 날 주목한다는 생각에 긴장감이 느껴졌다. 어머니를 찾아 두리번거리니 맨 앞자리에 계셨다. 어머니가 주먹을 쥐고 힘내라는 듯 흔들어 주셨다. 용기를 얻어 목소리를 가다듬고 웅변을 시작했다.

"여러분. 해마다 6월이 되면 국가와 민족을 위해 전사하신 순국선열들이 생각납니다. 할아버지 할머니는 말씀하셨죠. 남과 북이 갈라져 있던 이 현실 속의 아픔들을 너희들이 아느냐고."

약 10분의 연설을 실수 없이 끝마쳤다. 선생님과 친구들이 박수를 쳐주었다. 어머니도 '그것 봐. 하면 잘하잖아' 하는 눈빛으로 웃고 계셨다. 아들이 축구심판에 떨어져서 울 때도 어머니는 그때와 같은 눈빛으로 말씀하셨다.

"넌 하면 잘하잖아. 다시 해봐."

부모님을 향한 원망의 마음을 잠시라도 품었던 게 죄송했다. 투박한 손으로 아들의 방학 숙제인 고무동력기를 만들어 주시던 아버지, 퇴근 후 피곤한 와중에도 웅변 원고와 연습을 봐주시던 어머니. 생활 형편이 어렵다고 자식을 향한 부모님의 사랑까지 작진 않았다. 눈물을 쓱쓱 닦고 다시 도전해 보기로 했다.

영화 〈머니볼〉은 이런 문장으로 시작한다.

"자신이 평생 해온 경기에 대해 우리는 놀랄 만큼 무지하다."

이는 미국의 전설적인 야구선수 미키 맨틀의 말이다. 전설로 회자되는 선수도 하루아침에 만들어지지 않았다. 그런데 우리는 오늘의 나를 있게 한 순간과 노력들을 쉽게 잊는다. 이 책을 쓰기 위해 지난날을 돌아보며 오늘날 엄기성을 만든 시작은 축구 심판에 재도전하기로 한 순간이었다는 것을 알게 됐다.

'이번엔 제대로 준비하자!'

먼저 이론 책을 사서 공부했다. 매일 구보를 뛰면서 체력을 다지고, 실기 기술은 축구하는 친구와 선생님들의 도움을 받았다. 준비를 하다 보니 막연히 합격할 거라고 순진하게 믿었던 나에게 꿀밤이라도 먹이고 싶어졌다.

착실하게 준비해서 중학교 3학년 때 다시 도전했다. 두 번째 시험을 보러 가니 지난해 만났던 위원장님이 또 왔다고 기특해하셨다. 전엔 예쁨 받으려고 어른들에게 치대고 다녔지만 이때는 차분하고 진지한 자세로 교육과 시험에 임했다.

이상하게 결과에 연연하지 않았다. 내가 원하는 것을 위해 열정적으로 달려가는 과정 자체로 이미 마음이 충만했다. 스스로 얼마나 노력했는지 알기에 떨어져도 후회가 없다고 할까. 처음 경험해 보는 신기한 감각이었다.

결과는 1등. 선수 출신도 끼어 있는 성인들과 겨뤄 당당히 합격해서 최연소 축구심판이 되었다. 그때 여러 가지를 배웠다. 먼저 노력, 즉 인풋이 있어야 아웃풋인 결과가 있다는 것을 알게 됐다. 가슴이 시키는 일을 실행할 수 있는 용기와 그것을 위해 최선을 다해 노력하는 법도 알게 됐다. 또한 인생을 살면서 꼭 가져야 할 중요한 삶의 자세를 배웠다. 그때의 경험은 어린 엄기성에게 자신감을 심어 주었고 도전적인 삶을 살게 하는 원동력이 되었다.

노력하면 반드시 꿈을 이룬다는 이야기를 하려는 게 아니다. 아무리 많은 시간을 들여 노력해도 김연아, 손흥민, 페이커가 될 순 없다. 그건 탁월한 재능의 영역이다. 하지만 어떤 일을 하려고 할 때 너무 재능을 따지면 쉽게 행동에 나설 수 없다. 누가 뭐래도 한 번쯤 시도해보는 도전 자체에 무게를 두는 편이 좋다.

살다 보면 노력과 재능도 어떤 결과를 만드는 절대 조건은 아니란 걸 알게 된다. 환경이나 타이밍이 무시할 수 없는 요소로 작용하기 때문이다. 그래서 성공했다고 자만하지 말아야 하고, 지금 인정받지 못하고 상황이 불리하다고 해서 기죽거나 비굴해질 필요 없다.

내가 가진 재능이 애매해 보이고 열심히 하는 것이 맨땅에 헤딩처럼 보일 때가 있을 것이다. 그런데 시도해보지 않으면 내가 재능이 있는지조차 알 수 없다. 뭔가 하고 싶은 일이 생기면 복잡한 생각은 집어치우고 일단 해보자. 오늘의 노력이 시간 낭비처럼 보인다면 성공을 향해 가는 길 위에 있다고 생각하자. 시도를 거듭하다 보면 결국 잘하게 될 수 있고, 지금 당장은 아니더라도 내 인생에 딱 맞는 타이밍에 포텐이 터질 수도 있다. 혹은 전혀 생각하지 못했던 기회가 열리기도 한다.

실패로 끝을 맺더라도 그것 역시 좋은 일이다. 도전해 보지 않았더라면 그 일이 나와 맞지 않는다는 걸 모르고 미련을 가졌을 것 아닌가. 그러니 때론 결과에 집착하지 않고 자신을 탐구하는 시간이 필요하다. 살다 보면 수많은 선택의 과정에 직면하게 된다. 그때 내가 누군지 탐구해본 사람, 용기를 내서 도전해 본 사람은 나다운 선택을 하게 된다.

나의 첫 심판 데뷔는 고1 때였다. 협회는 먼저 작은 경기 몇 개를 맡겨서 실력을 검증했다. 그리고 괜찮다고 판단했는지 강릉 지역에서 열리는 규모가 큰 축구대회 준결승전에 나를 심판으로 배정했다.

고등학생이 성인 경기 심판을 본다니 긴장되고 진땀이 났다. 축구심판은 양 팀의 선수 외에 유일하게 필드를 밟는 사람이다. 선수들과 함께 뛰면서 냉정하게 경기를 지켜보고 공정한 판단을 내려야 한다. 잘할 수 있을지 걱정도 됐지만 첫 데뷔전에 앞서 '할 수 있다'를 가슴에 단단히 새겨두었다. 심판은 잘해야 본전이라는데 그 본전을 꼭 하고 싶었다.

생활체육이지만 축구로 잔뼈가 굵고 승부욕 있는 사람들이 맞붙은 경기라 초반부터 신경전이 대단했다. 뒤지고 있던 팀 수비수가 상대 팀 공격수에게 강하게 태클을 걸었다. 욕을 하는가 싶더니 어느새 선수들이 치고받았다. 정말 화려한 데뷔전이었.

침착하게 휘슬을 불고 경기를 중단시켰다. 호루라기 소리와 함께 객석이 소란스러워지고 선수들이 격렬하게 항의하는, 스포츠 중계에서나 보던 현장 속에 내가 직접 들어와 있었다. 빠르게 코피 흘리는 선수를 내보내고 싸움을 한 선수들에겐 옐로카드를 들어 경고한 후 경기를 속행시켰다.

삼촌뻘들이라 판정을 할 때마다 '어린 놈의 시키가' 하는 눈빛이 따가웠고, 심판 똑바로 보라고 욕을 먹기도 했다. 그때마다 어느 한쪽으로도 추가 기울어지지 않도록 애쓰는 정의의 여신처럼 공정하게 심판을 보려고 애썼다. 정신없이 첫 데뷔전을 치르고 나니 관계자분이 심판을 잘 봤다고 칭찬해주셨다. 그제야 긴장되고 쫄렸던 마음이 누그러졌다.

이후 한 달에 5회 정도 심판을 봤다. 나는 꽤 터프한 심판이었다. 고등학생이 중장년층의 경기 심판을 보려면 어쩔 수 없었다. 중재할 때나 카드를 들어야 할 땐 단호했다. 경기장에 선 이상 나는 고등학생이 아니고 저분들도 삼촌이나 아버지가 아니었다. 나에겐 이 경기를 공정하게 이끌어갈 역할만이 주어졌다고 생각했다. 시합 전엔 주장에게 다가가 또박또박 말했다.

"팀의 대표는 항의하라고 있는 자리가 아닙니다. 페어플레이 해주시고 선수들의 안전을 가장 1순위로 생각해 주세요. 저도 공정하게 심판 보겠습니다."

사실 말하지 않으면 아무도 내가 고등학생인 줄 몰랐다. 덩치가 크고 얼굴은 시꺼멓고 좀 노안인 게 도움이 되었다고 생각한다. 심판 일로 돈을 많이 벌지도 못했고 좋은 소리도 못 들었다. 그러나 내가 정말 하고 싶은 일이었기에 늘 즐거운 마음으로 심판을 보러 갔고 책임감 있게 경기를 운영했다.

아버지가 닦아주신 군화

　외국에서 오래 살다 온 온 지인이 직장에서 소위 '나댔다'가 곤란해진 이야기를 했다. 외국에선 자기 의견을 적극적으로 어필해야 살아남았는데 한국은 적당히 눈치 보고 분위기 파악하는 게 우선이란 것이다. 고개를 끄덕였다. 한국에선 개인을 어필하는 것보단 조직의 일부로서 역할에 충실한 사람이 사랑받는 경향이 아직 남아 있는 편이다. 천성적으로 외향적이고 나대는 성격인 나는 그의 고충에 공감했다.

　'모난 돌이 정 맞는다'는 우리 속담이 있다. 성격이나 행동이 튀는 사람을 경계하는 말이다. 어린 시절 나는 모난 돌이었다. 튀지 않는 게 미덕인 문화에서 꼭 앞에 나섰다. 체육 시간, 학교 축제 등이 있으면 누가 시키지 않아도 선생님을 도와 질서를 정리했다. 친구들이 싸우면 나서서 말리고 화해할 수 있도록 도왔다. 체육대회에서 아이들이 쳐져 있으면 앞에 나가서 응원단장을 자처하며 흥을 돋우고 서로 으쌰으쌰해서 빨리 끝내도록 했다.

그래서 "네가 뭔데?" 누가 이렇게 물으면 사실 할 말은 없었다. 나는 아무것도 아니었다. 매 학기 반장, 부반장, 학생회장이긴 했으나 그게 꼭 뭘 하라고 쓴 감투는 아니지 않은가. 그런데 불편한 상황이나 정리가 필요한 순간, 누군가 나서야 하는 상황이 오면 그냥 지나치지 못했다.

좋은 말로 사교성과 리더십이 있고 속된 말로 까불고 나대길 좋아하는 아이였다. 그래도 밉상은 아니었는지 친구들이 예쁘게 봐주어 교우 관계는 좋은 편이었다. 아쉬운 건 남자애들은 날 좋아했는데 여자애들에겐 인기가 없었다는 점이다.

학창시절엔 공부보단 운동과 노는 일에 열심이었다. 공부에 열심히 매달렸던 때가 있었는데 전교 학생회장 출마를 앞두고서다. 중학교 땐 성적이 상관없었으나 고등학교 땐 전교 8등 안에 들어야 한다는 조건이 있었다. 당시 우리 학교 2학년 전교생이 100명 정도였다. 틈만 나면 야자를 땡땡이치던 내가 회장 출마를 앞두

곧 엉덩이 딱 붙이고 열심히 공부했다. 턱걸이로 8등을 했다.

고3이 될 때까지 인생의 중요한 관문인 입시에 대해선 별로 생각하지 않았다. 학구열이 높은 지역 학생들처럼 부모님이 나서서 진학 지도를 한 것도 아니었고, 학교 분위기도 그렇게 치열하지 않았다. 그냥 운동을 좋아하니까 막연히 체육교육학과를 가면 좋겠다고 생각했다.

사실 내가 태평한 이유가 있었는데, 학생회장 출신이면 인서울 중상위권 대학에 특별 전형으로 갈 수 있는 말을 어디선가 들어서다. 정확하지도 않은 정보를 철석같이 믿고 있었다. 축구를 정식으로 배워본 적도 없으면 축구심판이 되겠다고 순진하게 자신감 넘치던 때와 별반 다를 게 없었다. 진학 상담을 하던 선생님은 어림없는 소리 하지 말라고 하셨다.

'그럼 수능을 잘 보지 뭐.'

긍정적으로 생각하고 내 딴엔 열심히 공부했으나 점수는 바닥이었다. 성적표를 받고 웃음이 났다. 내 점수로 갈 수 있는 대학과 학과를 찾아보았다. 장교가 꿈이었으니 비슷한 학과를 눈여겨보다가 경찰행정학과가 괜찮아 보였다. 그래서 그 학과가 있는 학교에 리더 장학금을 받고 입학했다.

하지만 어린 시절 꿈을 포기할 수 없어 1학기 만에 ROTC(학군사관)를 준비했다. ROTC는 육사를 가지 않고 장교가 될 수 있는 또 다른 방법이다. 시험을 살펴보니 필기시험, 체력검정, 면접 등이 있었다.

축구심판을 하면서 필드를 자주 뛰다 보니 체력은 자신 있었다. 다만 필기시험은 준비가 필요해서 매일 새벽같이 일어나서 공부했다. 열심히 준비한 끝에 필기, 체력검정, 면접을 무사히 치르고 합격했다. 1등으로 합격했으니 선서를 준비하라는 말도 들었다. 부모님이 정말 좋아하셨다.

그런데 합격자 정밀 신체검사를 받고 청천벽력같은 소식을 들었다. 내가 척추측만증이 있어서 불합격 처리가 되었다는 것이다. 처음엔 진단이 잘못되었다고 생각했다. 일상생활에 전혀 지장이 없었을뿐더러 운동을 하고 축구심판으로 활동하는데에도 문제가 없었다.

포기할 수 없어서 다시 시험을 치렀다. 2년 간 육군 군장학생, ROTC, 해병대 장교, 사관학교 등 대한민국에 존재하는 거의 모든 장교 시험에 도전했다. 합격자를 대상으로 하는 정밀 신체검사에서 또 떨어진 경우도 있었고, 실력이 부족해서 떨어지기도 했다.

면접까지 잘 보고 정밀 신체검사만 남겨둘 땐 조마조마했다. 혹시 이번엔 붙지 않을까 하는 기대는 매번 무너졌다. 군의관은 살아가는 데는 지장이 없지만 척추의 각도가 약간 틀어져 있어 군 복무는 어렵다는 말만 했다. 다시 찍어 달라고 방사선사를 졸랐지만 결과는 달라지지 않았다.

시험준비를 도와준 친구들은 척척 붙는데 난 떨어졌다. 연속해서 떨어지자 쥐구멍에라도 숨고 싶었다. 아무리 치열하게 준비해도 결과는 달라지지 않았다. 차라리 실력으로 떨어진 거면 깨끗하게 포기하고 다른 도전을 할 텐데 몸 때문이라는 게 서러웠다. 군의관에게 군대에 꼭 가고 싶다고 울면서 소리를 지른 적도 있었다.

2년간의 시도가 모두 실패로 돌아갔을 때, 인생에서 두 번째로 부모님을 원망했다. 왜 나를 이렇게 낳았느냐고 바닥에 엎어져서 울었다. 내 손을 잡고 등을 두드리며 부모님도 함께 우셨다. 한동안 핸드폰도 끄고 방에만 갇혀 있었다.

그전까지 나에게 삶이란 자신감을 갖고 노력하면 성취할 수 있는 무언가였다. 그런데 인생에는 불가항력이라는 게 있었다. 노력으로는 도저히 극복할 수 없는 일이 내 앞을 가로막았고, 결국 장교의 꿈을 포기했다. 다만 군대라도 꼭 가고 싶었다. 그래서 강남에 있는 병원까지 다니며 틀어진 척추 각도를 바로 잡고 간신히 4급 판정을 받았다. 그리고 늦은 나이에 공익근무요원으로 군복무를 하게 됐다.

나의 근무처는 작은 초등학교였다. 마음이 어두워져서인지 일하는 동안 힘든 일들이 많았다. 그럴 때면 내가 군대에 갔더라면 이런 수모를 당하지 않았을 텐데 하는 생각들로 괴로웠다.

그 시기엔 커다란 장애물이 내 인생을 가로막고 있다고 느꼈다. 막다른 길에 몰렸고 내 인생이 절단난 것만 같았다. 그런데 돌이켜 보니 시련 속에 또 다른 계획이 숨겨져 있다. 절대 속단해선 안 된다. 내 경우 새로운 기회는 근무처의 행정실장님으로부터 왔다. 그 이야기는 다음 장에 이어서 하겠다.

지금으로부터 약 10년 전, 예비군 훈련 마지막 날의 일이다.

아침 일찍 집으로 갔더니 군화가 반짝반짝 빛나게 닦여 있었다. 아들이 예비군 훈련 간다고 아버지가 닦아두신 것이다. 현관에 가지런히 놓인 군화를 보는데 왜 그리도 눈물이 나던지…….

20살에 장교 시험에 도전할 땐 저 군화가 그리도 신고 싶었다. 그땐 오직 내 아픔만 생각했다. 그런데 내 곁엔 항상 나보다 더 아파한 분이 계셨다. 아버지는 신체검사를 받으러 갈 때마다 함께 가셨고, 아들이 울 때 같이 슬퍼 하셨다. 한번은 아버지가 군의관에게 우리 아들 군대 가게 해달라고 사정하신 적도 있다. 군의관은 안타까워하며 아버지를 만류했다.

척추측만증으로 인해 아들의 꿈이 좌절되었을 때 부모님의 마음은 얼마나 아프셨을까……. 아버지가 되고 보니 부모님의 아픔이 헤아려진다. 어머니 아버지는 나보다 더 간절하게 아들이 장교가 되길 바라셨을 것이다.

"아버지! 뭘 이렇게 깨끗하게 닦으셨어요. 파리가 미끄러지겠네."

아들이 멋지게 군화를 신고 폼을 잡자 아버지가 소리 없이 웃으셨다. 아버지가 닦아주신 군화를 신고 마지막 예비군 훈련을 잘 마쳤다. 평생 한없이 사랑만 주신 아버지께 꼭 효도하겠다고 다시 한번 다짐한 순간이다.

시련은 있어도
실패는 없다

공익근무하는 28개월 내내 아르바이트를 했다. 주간 근무가 끝나면 횟집에서 회를 썰고 손님을 맞이했다. 내가 일하면서 가게 매출이 크게 늘었다. 무인도에 떨어져도 잘 살 놈. 사장님도 그렇고 주변 사람들도 그렇게 말했다. 나도 자신 있었다. 하지만 그것도 내가 원할 때나 기쁘지, 지금은 바라던 인생 항로에서 완전히 밀려난 상황이었다.

그나마 횟집에서 일한 돈을 부모님께 드릴 수 있다는 것이 작은 기쁨이었다. 삶에서 돈이 전부는 아니지만, 나는 그게 얼마나 중요한지 알았다. 우리 가족이 돈에 구애받는 게 싫었다.

매일 쳇바퀴 돌 듯 살고 있었는데 학교 행정실장님이 말씀하셨다.

"기성씨. 편입해 보는 거 어때?"

실장님은 강원대학교를 권하시며, 편입은 인생을 업그레이드할 좋은 기회라고 하셨다.

처음엔 별 감흥이 없었다. 그래도 관심을 갖고 이야기해주셨으니 학교 홈페이지를 둘러보았다.

강원대는 강원도를 대표하는 지역거점 국립대학이다. 지금도 그렇지만 그때도 나의 고향 사랑은 유난스러웠다. 누가 철원에 대해 물으면 즉각 역사와 전통을 자랑하는 관광과 교육의 도시로 시작해서 철원 팔경까지 청산유수로 나왔다. 남들은 나보고 특이한 놈이라고 했다.

그래! 특이한 놈, 신기한 놈이 맞을지도 모른다. 남들은 자라면 고향을 떠나려고 하는데 난 이곳이 너무 좋았으니까. 기회가 된다면 내 고향을 널리 알리고 살기 좋은 곳으로 만들고 싶었다. 또 내가 터전을 틀고 살고 싶었다.

왜 진작 강원대를 생각하지 못했을까 싶었다. 물론 고3 땐 성적이 딸려서 가기 힘들었을 것이다. 강원대에 대해 살펴보고 나니 내가 꼭 가야 할 학교처럼 느껴졌다. 학과도 경영학과와 정치외교학과 중 고민하다가 후자로 결정했다.

편입시험은 만만치 않았다. 그래도 3년간 9번 장교 시험에도 도전했는데 못할 일이 없다는 생각이 들었다. 영어시험을 열심히 준비했고 강원도 국회의원의 의정활동과 그것에 대한 내 의견, 장차 강원도와 우리나라를 이끌어갈 올바른 정치 외교 방향에 대한 생각을 정리했다. 면접 볼 때 내가 생각해도 물 흐르듯 말을 잘한 것 같다.

"그래서 학생은 꿈이 뭐예요?"

면접위원의 마지막 질문. 거기까진 준비하지 못해서 심장이 쿵 했다. 정치외교학과와 관련하여 나의 미래까지 구체적으로 생각해 본 적은 없었다. 일단 합격하고 보자는 생각으로 눈 질끈 감고 강수를 던졌다.

"강원대학교 출신 도지사가 한번 되어보고 싶습니다."

그 말에 장내에 웃음이 터졌다. 우리 학과에서 한 번 나와야 하지 않냐는 말도 하셨다. 임기응변으로 한 말이었고, 조금 건방질까 봐 걱정했는데 다행히 분위기가 좋았다.

결과는 합격. 나도 기뻤지만 부모님이 정말 좋아하셨다. 부모님을 웃게 해드린 것 같아서 행복했다. 큰아버지는 잔치를 해야 한다며 소도 팔았다.

편입하고 첫 수업에 편입생들의 자기소개 시간이 있었다. 쭈뼛거리고 싶지 않았다. 내가 하고 싶은 공부를 하기 위해 당당하게 시험을 치러 편입했기 때문에 자신감 있는 자세로 소개했다.

이후 친해진 동기들이 말하길 "살면서 너 같은 사람은 처음 봤다, 미친놈인 줄 알았다."고 했다. PPT로 자기소개를 한 사람은 나뿐이었기 때문이다. 덕분에 나는 강원대 정치외교학과 3학년 엄기성으로 동기들 뇌리에 강렬하게 각인됐다.

척추측만증으로 장교가 되고 싶다는 꿈이 좌절되어 의기소침해 있는데 다른 길이 열린 셈이다. 공익근무를 하지 않았더라면 편입 권유를 받지 못했을 것이다. 그리고 현재 내 인맥의 중요한 위치를 차지하는 분들을 만나지 못하고, 사랑하는 아내와 결혼하지도 못했을 것이다.

장교 시험에 떨어지면서도 친구들의 시험을 도왔다. 시험에 붙은 친구들은 미안한 마음에선지 내 앞에서 정복을 입지 못했다. 나도 말로는 축하를 전했지만 마음 한켠이 말도 못 하게 아팠다. 매일 밤 기도하며 신을 원망했다. 왜 나에게 이런 시련을 주시느냐고. 내가 혹시 나쁜 놈이어서 그렇냐고.

하지만 이젠 안다. 미래는 알 수 없다. 어떤 불가항력으로 인생이 막힌 것 같다고 느끼더라도 그곳이 끝은 아니다. 혹시 그때의 나와 같은 상황에 마주한 분들이 있다면 너무 좌절하지 말고 차분히 때를 기다리라 조언하고 싶다. 내가 포기하지 않는 한 시련은 있어도 실패는 없다.

편입하고 제일 먼저 한 일은 축구 동아리를 만든 것이다. 이름은 KNU FC다. 90개 학과를 다니면서 홍보했다. 운동을 좋아하는 친구들, 팀 없이 축구하던 친구들이 하나둘 모였다. 그렇게 강원대 최초의 축구클럽이 생겼다.

KNU FC는 전국대회에서 우승을 8번이나 하면서 신드롬을 일으켰다. 축구는 나에게 참 감사한 존재다. 축구심판이 되고 싶었던 어린 소년에게 도전의 가치를 알려 주고, 대학에선 사람들과 가까워지는 매개체로 작용했으니 말이다.

내가 강원대 역사상 최초의 편입생 총학생회장이 될 수 있었던 것도 축구가 큰 역할을 했음을 부정할 수 없다. 한 팀을 이뤄 땀 흘리며 경기하면서 사람들과 격의 없이 소통하고 가까워질 수 있었다.

같이 클럽활동을 하며 친해진 친구가 있는데 어느 날 러닝메이트가 되어 달라고 부탁했다. 그 친구는 경청과 배려의 아이콘으로 '유바마'라는 별명이 있었다. 선거를 통해 그 친구는 총학생회장, 나는 부총학생회장이 되었다. 어디서 굴러들어온 녀석이 부총학생회장까지 하니 다들 놀라는 눈치였다.

사실 편입생과 재학생 사이엔 보이지 않는 벽이 존재하는 경우가 많다. 그 벽을 깨지 못해 이방인 같은 존재가 되고 팀플 등에도 어려움을 겪는다. 동문 중에 편입생의 존재를 부정적으로 생각하는 사람들도 있다. 내가 아는 학생만 해도 적응을 잘 못해서 학교에 반쪽짜리 소속감만 느끼다가 졸업했다. 나도 움츠러들었다면 그런 학생이 되었을 수 있다. 그러나 일단 이 학교에 들어온 이상 이방인이 아닌 똑같은 동문이라고 생각했다. 그렇게 생각하고 행동하니 그렇게 받아들여졌다.

부총학생회장으로 있을 때 총학생회장 기섭이를 보좌하며 동문들이 편안하게 공부하고, 우리 학교가 발전할 방안을 찾았다. 항상 이런 마음을 내비친 덕분에 학생들의 신뢰를 얻을 수 있었다. 그러나 부총학생회장 이상은 생각해 본 적 없었다. 강원대 역사상 편입생이 학생회장이 된 일은 없었다. 감히 도전해 볼 생각조차 하지 못한 일이다.

선거운동을 하는 내내 동문들의 많은 도움을 받았다. 그때 나는 지금과 비교하면 날씬했다. 내 생각에 나름 괜찮았던 시절이라고 생각한다. 머리를 짧게 자르고 흰 셔츠를 입고 팔짱을 낀 모습으로 찍은 선거 포스터를 학교에 붙이고 다녔다. 사진이 실물보다 훨씬 잘 생기게 나와서 만족스러웠는데, 나중에 내 실물을 보고 실망했다는 후문도 있었다.

학생회 활동을 하면서 학교와 학생들을 위해 열심히 일하려고 노력했다. 국립대 최초로 취업 박람회를 유치하고, 면학 분위기 조성을 위해 체육대회는 주말에 개최했으며 총장님, 교직원들과 대화 창구를 만들어서 학생들의 의견을 적극적으로 전달하려고 했다.

물론 의욕이 과했던 적도 있었다. 소통이 되지 않는다는 이유로 총장실 문을 부수고 들어간 것이다. 축제 이야기, 면학 분위기 조성, 도서관 등 중요한 이야기를 나누고 싶었는데 총장님과 대화를 할 수 없었기 때문이다. 지금 생각하면 보고라인이 제대로 가동되지 않은 탓이 컸다. 젊은 혈기에 총장실로 돌진해서 "총장이면 학생들과 교류해야지 왜 불통입니까?" 하고 따져 물었다. 상황을 모르고 계셨던 총장님은 바로 사과하시고 우리 의견을 경청하셨다.

그런데 그날의 행동이 문제가 되어 교수들 사이에서 나를 퇴학시켜야 한다는 말이 나왔다. 지금 생각해도 미친 짓이 맞다.

내 퇴학이 거론되자 학생들이 나서 주었고, 권영중 총장님께서 행동보단 그 뜻을 먼저 살펴주셔서 별문제 없어 넘어갈 수 있었다. 하마터면 퇴학이란 불똥을 맞을 뻔했는데 살았다 싶었다. 권 총장님은 지금도 때마다 찾아뵙고 있다. 그때 이야기가 나올 때마다 총장님은 넌 참 별난 학생이었다며 너털웃음을 지으신다.

PART 2.

매 순간

후회 없이

최선을 다하는 남자

실패의 달인이 전하는 진심
1승이 간절한 그대에게

9회 말 역전 홈런,
끝내 대기업 빗장을 풀다

눈코 뜰 새 없이 바쁘고 즐거운 대학 생활이 끝나고 졸업이 눈앞에 닥쳤다. 학생일 땐 인생 전체의 방향성에 대한 고민은 거의 하지 않았다. 취업은 먼 미래처럼 보였고 당장 해야 할 일과 하고 싶은 일들에 몰두하느라 바빴다. 하지만 졸업하고 학생 타이틀을 떼자 '이제 뭐 하고 살지?' 하는 고민이 현실적으로 다가왔다.

"기성이 자신감이면 대기업 가능하지."

친구들은 그렇게 말하며 어깨를 두드렸다. 또 순진하게 그럴 줄 알았다. 대기업하면 떠오르는 것이 나를 사로잡았다. 안정적인 월급, 성과급, 좋은 복리후생, 어디서든 자랑스럽게 내밀 수 있는 명함. 대기업 입사는 많은 것을 약속해줄 듯 보였다. 아마 대부분의 취준생들이 비슷한 생각을 했을 것이다. 목표는 대기업! 그렇게 정하고 본격적인 취준생활을 시작했다.

상반기 대기업 공채 시즌에 이력서를 써서 쫙 돌렸다. 그때 지원했던 곳이 삼성, 현대, LG, SK 등 대기업이었다. 결과는 당연히 서류 광탈. 경쟁자들과 비교했을 때 객관적으로 내 스펙은 많이 좋지 않았다. 처음부터 합격을 기대한 건 아니었지만 면접의 기회조차 얻지 못하다니. 그런데 충격을 받기엔 일렀다. 세상이 날 비웃기라도 하듯 지원하는 족족 떨어졌으니까.

취준생활은 백수임에도 바빴다. 하루 5시에 알람 맞춰 놓고 일어나서 운동하고, 아침 먹은 후 도서관에 가서 기업에 대한 정보를 수집하고, 신문 사설들을 읽었다. 오후엔 토익 공부, 적성 검사와 자기소개서 준비, 면접 관련 유튜브를 보다 보면 하루가 금세 지나갔다.

결과를 기다리던 모든 곳에서 서류 전형 불합격 통보를 받고 나면 씁쓸해할 여유도 없었다. 또 다음 시즌을 준비해야 했다. 취준생활을 하면서 가장 힘들었던 건 나만 뒤처지는 듯한 느낌, 소외감, 외로움이다. 같이 취업 준비하던 친구들의 합격 소식을 들으면 마음이 심난해졌다. 학교 행사나 모임이 있으면 나가기도 꺼려졌다.

그렇다고 핸드폰을 끄고 잠수타진 않았다. 힘들 땐 축구나 운동을 하면서 땀을 흘리고 혼자 여행도 갔다. 연이은 고배를 마시면서도 코 빠뜨리고 있지 않아서인지 친구들도 조금 덜 미안해했다. 먼저 연락을 해서 토익스피킹 시험을 도와주고 자기소개서 작성 노하우도 알려 주었다.

주변 사람들 도움과 스스로 멘탈 관리를 하면서 잘 버티는 줄 알았건만, 계속된 실패는 나를 결국 좌절의 구렁텅이로 빠뜨렸다. 100번이 넘는 입사지원서를 보냈지만 단 한 번도 면접의 기회를 얻을 수 없었던 것이다. 자존감이 와르르 무너졌다.

나는 정말 부족한 사람인가? 그때까지 내가 하고 싶은 일에 과감히 도전하며 살아왔다. 그런데 취업시장에서 나는 선택받아야 하는 입장이었다. 할 수 있다면 인사 담당자를 붙잡고 뭘 해야 뽑아 줄 거냐고 묻고 싶었다. 괜히 분풀이하듯 씩씩댔다. 그러다 결국 인정할 수밖에 없었다. 질문의 방향이 잘못되었다는 사실을. 상대를 탓하기 전에 먼저 자신을 돌아봐야 했던 것이다.

바둑 대가 조훈현은 "승리한 대국의 복기는 이기는 습관을, 패배한 대국의 복기는 이기는 준비를 만들어준다"라고 했다. 냉정하게 난 부족한 사람이었다. 스펙의 부족함을 말하는 게 아니라,

부족한 스펙을 능가하는 노력이 부족했다는 뜻이다. 난 서류 전형 탈락의 원인 분석을 제대로 하지 않고 동일한 내용으로 또 다른 곳에 지원서를 제출했다. 습관적으로 이력서를 제출하고, '한 곳만 걸려라' 하는 심정으로 요행을 바랐던 것이다. 면접까지만 간다면 솔직히 가능성이 있다고 생각했다. 하지만 그런 행운은 찾아오지 않았다.

그제야 제대로 고민과 준비를 하게 되었다. 내가 가장 잘할 수 있고 나의 강점을 가장 잘 살릴 수 있는 직무를 고민했고, 해당 기업에 대해 분석을 하며 디테일에 강해지려고 노력했다.

"기성아 파이팅! 힘내자! 할 수 있다!"

준비하는 동안 지칠 때마다 스스로 파이팅을 외쳤다.

150번째 서류를 넣은 후, 드디어 면접의 기회를 얻었다. 크라운, 해태제과의 영업유통 직무였다. 면접만 보면 잘할 수 있을 줄 알았는데 실전은 달랐다. 면접장에 들어가니 치열하게 준비해 온 다른 참가자들로 인해 자신감이 떨어졌다. 내가 아무리 말을 잘한다 한들 기업의 오늘과 내일을 논하고, 거기에서 나의 역할에 대해 어필하는 건 철저한 준비 없인 불가능한 일이었다.

예상대로 불합격 통보를 받았고 맥이 풀렸지만 무너질 수 없었다.

'복기, 또 복기.'

이런 말로 나를 다독였다. 무슨 일이든 첫술에 배부를 수 없다. 실패는 다음번 성공 확률을 높이는 과정이다. 이게 모두 9회 말 역전 홈런을 맛보기 위한 준비과정이다. 그동안 한 번도 열지 못한 면접장 문을 열고 직접 매운맛을 본건 어쨌든 큰 공부가 되었다.

롯데주류의 영업유통 직무 서류전형 합격 통보를 받은 후엔 칼을 갈았다. 이미 3번 롯데그룹 계열사에 지원했다가 고배를 마신 전적이 있었다. 떨어지는 과정을 반복하면서 자소서는 이전과 확실히 달라져 있었다. 그동안 컨트롤 C, 컨트롤 V였다면, 롯데주류에 지원할 땐 인사 담당자의 시선에서 내 이력서를 보고 나를 잘 어필하려면 어떻게 해야 할지 생각하고 작성했다.

회사 인사팀은 하루에 수백 장의 서류를 볼 것이다. 단 몇 초라도 주의를 끌어서 내 글을 읽도록 해야 했다. 내 자소서 제목은 '기둥'이다. 그리고 첫 문장을 "롯데그룹의 기둥이 되어 드리겠습니다"라고 썼다. 고작 인턴이 재계 서열 5위 기업의 기둥이 되겠다니 얼마나 허풍을 떠는 것으로 보였겠는가. 던질 수 있는 건 다 던지고, 간절한 마음을 꾹꾹 눌러 담았다. 그리고 결국 면접의 기회를 얻어냈다.

면접 준비에 치열하게 매달렸다. 결전의 날, 거울 앞에 서서 혼자 파이팅을 외쳤다.

"엄기성 파이팅! 힘내자! 할 수 있다!"

면접장에 들어갈 땐 적장의 목을 베지 않으면 물러나지 않을 듯한 장수의 기세였다. 그때 목에 메달 한개를 걸고 있었다. 자기소개 시간이 주어졌을 때 준비한 말을 했다.

"이게 뭔지 아십니까? 대한민국 최장수 프로그램 전국노래자랑 1등 메달입니다. 전국노래자랑은 누구나 나갈 수 있지만 아무나 1등이 되진 않습니다. 절 뽑아주신다면 롯데의 얼굴이자 자랑이 되어 드리겠습니다. 그리고 제 이력서를 보면 아시겠지만 전 지방대 출신입니다. 사회적 잣대로 어떻게 평가되는지 잘 알고 있으나 전 부끄럽지 않고, 강원대 출신임이 자랑스럽습니다. 지방대가 왜 뿌리 깊게 가는지 보여드리겠습니다."

자신도 놀랄 정도로 당당하게 말했더니 내 양옆 지원자들이 놀라는 기색이었다. 입사 후 포부를 묻는 말에서도 제가 강원도 지역 롯데주류 매출을 책임지겠다고 말씀드렸다. 터무니없이 한 말이 아니라 나 나름대로 지인들의 조언도 구하며 준비한 대답이었다.

당시 롯데주류의 〈처음처럼〉 공장이 강원도에 있음에도 불구하고 지역의 마켓셰어는 늘 경쟁사인 〈참이슬〉이 1등이었다. 이 판도를 바꾸려면 어떻게 해야 할까? 소주가 가장 많이 소비되는 곳을 공략해야 했다. 조사결과, 주류를 가장 많이 소비하는 곳은 장례식장이었고, 그곳을 위주로 영업을 펼치면 승산이 있다고 판단이 섰다.

면접관들은 고작 인턴 지원자가 술술 내뱉는 말에 어이가 없으면서도 '요놈 봐라' 하는 듯 보였다. 내게 많은 질문이 쏟아졌고 그때마다 서류에 메모하는 면접관들을 보면서 이번엔 될지도 모른다고 생각했다. 조심스러운 기대에 행여 부정이 탈까 결과가 나오기 전까지 마음만 졸였다.

2010년 크리스마스이브에 최종 합격을 통보받았다. 그토록 애타게 기다리던 소식인데 믿을 수 없어서 문자 내용을 확인하고 또 했다. 합격 소식을 받기 전까지는 연말이라 모임이 많았지만 기쁘게 갈 수 없었다. 사람 만나기 좋아하지만 올해는 집에서 쉬며 못 본 드라마를 몰아보려 했다. 한 해의 마지막 날엔 보신각 종소리를 들으며 새해엔 꼭 취업하게 해달라고 기도할 참이었다. 그런데 내가 간절히 바라던 그곳에서 문자를 받은 것이다.

"엄마. 저 합격했어요."

제일 먼저 어머니께 전화드렸는데 나도 모르게 목이 메었다.

어머니는 화들짝 놀라더니 말없이 우셨다. 못난 아들내미 걱정에 밤잠을 설치신 어머니께 그제야 좋은 소식을 전해드릴 수 있었다. 그렇게 길다면 긴 취준 생활에 종지부를 찍었다. 쓸쓸하고 외롭고 소외감이 느껴지던 시간들이 합격 소식과 함께 눈 녹듯 사라졌다.

나는 파이팅을 크게 외치는 버릇이 있다. 자신에게 외치기도 하지만 중요한 일을 앞두고 사람들과 함께 외치는 것도 좋아한다. 기세 좋게 파이팅을 외치고 나면 자신감이 생기고 눈앞의 과제나 장애물이 조금 만만해진다. 그러다 올림픽 양궁경기에서 나처럼 파이팅을 크게 외치는 청년을 보았다. 남녀 혼성 경기에서 앳된 선수가 활시위를 당기기 전 우렁차게 "파이팅!" 하고 외쳤다. 양궁경기는 보통 잔잔하게 진행되는데 특이한 선수라고 생각했다. 해설진들도 양궁경기에서 저렇게 큰소리로 파이팅을 외치는 선수는 없었다고 말했다.

청년의 화살은 과녁 정중앙에 팍팍 꽂혔다. 자기 몫의 마지막 화살을 남겨두고 다시 한번 호랑이처럼 포효했다.

"코리아 파이팅!"

그 기세 덕분인지 우리가 우승하겠다 싶었다. 예상대로 대한

민국 혼성팀은 러시아를 꺾고 시상대의 가장 높은 곳에 올랐다.

선수의 이름은 김재덕. 만 17세의 양궁선수로 국가대표 중 최연소 금메달리스트다. 어떤 사람일지 궁금해 찾아보니 일찍 어머니를 여의고 아버지 손에서 성장했다고 한다. 그런데 올림픽을 앞두고 아버지가 뇌졸중으로 쓰러지셨다. 김 선수는 틈만 나면 아버지를 직접 간호하며 올림픽을 준비했다. 참 의젓한 청년이란 생각이 들었다.

그런데 코치의 말에 따르면 김 선수는 원래 경기에서 파이팅을 외치지 않았다고 한다. 출국 전 훈련할 때 많이 긴장해서 긴장을 해소할 요량으로 파이팅을 외치기 시작했다. 어린 선수가 얼마나 부담감이 컸으면 그렇게 소리쳤을까 안쓰러운 마음이 드는 한편, 자기 삶과 눈앞의 목표 앞에서 스스로 파이팅을 외치는 것 같아 참 대견하고 멋지다는 생각도 들었다.

살다 보면 때로 자기 자신을 위해 파이팅을 외쳐야 하는 순간이 있다. 그 외침이 내가 승리할 자격이 있다고 스스로에게 말하는 것과 같다. 물론 믿는다고 항상 승리할 수 없지만 믿음이 없이 승리하기란 더욱 어렵다. 지금도 압박감과 불안감 속에서 시니컬해지고 때론 자신과 세상을 원망하는 청춘들이 있을 것이다. 그때야말로 뜨겁게 나를 응원할 때다.

부디 자신을 위해 힘찬 파이팅을 외쳐주기를!

나도 여러분을 진심으로 응원한다.

새벽 5시에 시작하는 하루, 평균 10개의 스케줄

경영에 관심 있다면 피터 드러커란 이름을 한 번쯤 들어보았을 것이다. 피터 드러커는 현대 경영학을 창시한 미국 학자인데 솔직히 나도 이름만 안다. 책은 사놓고 바쁘다는 핑계로 펼쳐보지도 못했다. 그러다 우연히 지인의 SNS에서 그의 일생에 대한 글을 보고 '이 양반 멋지네' 싶었다.

피터 드러커는 평생 35권의 책을 출간했고 경제학자, 철학자, 소설가, 사회생태학자 등으로 활동했다. 그것도 대충한 게 아니라 아주 전문적인 수준으로 말이다. 60세 즈음 인터뷰에서 정확히 하는 일이 무엇이냐는 질문에 그는 "내가 앞으로 뭘 할진 나도 모르겠습니다"라고 대답했다고 한다.

피터 드러커는 96세로 별세하기 직전까지 미술 연구에 몰두하고 책 출간도 앞두고 있었다. 그는 매일 빈틈없이 살았으나 피곤하긴커녕 활기에 넘쳤다고 한다.

그의 삶에 마음이 끌린 것은 '내가 너무 정신없이 사는 건 아닌가?' 하는 고민이 커지던 차였기 때문이다. 나를 잘 아는 사람들이야 바쁘게 사는 모습에 익숙하지만 처음 만나는 사람들은 꽤 놀라는 눈치다. 나는 다른 사람들이 하루에 얼마나 많은 일을 하고 얼마나 많은 사람들을 만나는지 몰랐다. 전부는 아니더라도 일부는 나처럼 살지 않을까 싶었다.

내 일정은 오래전부터 하루 10개가 넘는 스케줄로 차 있다. 보통 4시 50분에 눈을 뜨는데 이건 취준생활 하면서 들인 버릇 탓이다. 조용한 오전 시간엔 오늘 할 일을 종이든 핸드폰 메모장이든 쓰면서 정리한다. 그리고 다시 핸드폰 캘린더에 시간대별로 차곡차곡 정리해 둔다.

아침 8시에 딸 학교에 데려다주고 바로 일을 시작한다. 오늘은 태백으로 가서 시장님을 뵈었다. 기둥교육에서 진행하는 진로교육과 취업교육, 청년 리더교육에 대한 브리핑을 드리기 위해서다.

그날은 목소리에 힘이 더 들어갔다. 강원도에 사람이 필요하다는 걸 여기 출신으로서 잘 알고 있어서다. 이 지역에서 나고 자란 청년들에게 자부심을 키워주고 고향 땅에서 성장할 수 있는 프로그램을 운영하고 싶었다. 강원도에 있는 유일한 진로 취업 청년 교육 사업자로서 춘천, 원주, 강릉 등 9개 지역에서 프로그램을 진행해 온 걸 어필하고, 청년들에게 꼭 필요한 일을 할 수 있도록 노력하겠다는 말로 이야기를 마쳤다. 결과는 알 수 없지만 다들 긍정적으로 검토해주시고 계신 점이 감사했다.

브리핑 후엔 《강원도민일보》와 인터뷰하고, 내년에 고성에서 진행하는 사업 브리핑을 다녀왔다. 중간중간 투석 받으러 간 아버지와 어머니께도 전화드려 안부를 여쭈었다. 일을 마치고 후배가 개업한 식당을 찾아가 밥을 먹었다.

저녁에 집으로 돌아가 대학교 학생들 취업 멘토링을 준비했고, 7시 반부터 8시까지는 딸 책을 읽어주었다. 10시 반엔 철원에서 열리는 축구대회를 준비하는 아이들을 잠깐 모니터링했다. 그리고 조용한 밤이 되어서야 내 책에 대해 고민하며 글을 쓰고 있다.

사람들은 나에게 에너지가 넘친다고 한다. 맞다. 학창시절엔 늘 아르바이트를 했고, 고1부턴 학생이지만 축구심판을 겸했다. 초등학교 때부터 대학 때까지 반장, 학생회장, 총학생회장직을 맡았다.

롯데에 다닐 때는 부업으로 스포츠 마케팅을 해서 월급보다 많은 돈을 벌기도 했다. 재미있는 건 돈 벌려고 영업하지 않았다는 것이다. 필요한 것을 싸게 주려고 노력했을 뿐인데 저절로 일이 들어오고, 판매 수익으로 연결되었다.

교육사업을 하는 현재는 축구대회 운영 일을 겸하고 있다. 축구 얘기가 주로 올라가는 내 SNS만 본 사람이라면 내가 축구 관련 사업을 하는 줄 알 것이다. 지난달만 해도 9개 대회를 기획했다.

사업도 잘하고 싶고, 사업 외의 일도 잘하고 싶고, 사람들도 챙기고 싶어 24시간을 쪼개서 산다. 누가 시켜서가 아닌 내가 좋아서 하는 일이다. 피터 드러커 같은 사람이 될 수는 없겠지만 내게 주어진 금 같은 시간을 최대한 활용하고 싶다.

누가 수익을 준다고 해도 현재 내 일과 바꾸고 싶지 않다. 그만큼 나의 일을 사랑하고 열정적으로 사는 게 좋다. 그러면서도 마음 한켠엔 욕심이 과한 건 아닌지, 이러다 건강을 해치는 건 아닌지 고민스럽다. 아직은 몸이 버텨주고 재미도 있지만 장기적인 관점에서 오래 가는 방법을 고민해야 할 듯하다.

물론 내게도 삶은 풀리지 않는 문제들로 가득하고, 갑자기 번민이 느껴지기도 한다. 타고난 에너자이저지만 갑자기 맥이 풀릴 때가 있다. 일이 힘들거나 도전적일 땐 잘 이겨내는 편지만 간혹 가장 기운이 빠질 때는 사람에 의해 타격이 올 때다. 사람에게 정도 잘 주고 혼자 상처도 잘 받는 성향을 고치고 싶은데 쉽지 않다.

일이든 사람이든 정신적으로 힘든 일에 봉착하면 빨리 사랑을 회복하려고 한다. 복기와 반성도 중요하지만 너무 자신을 미워하거나 가혹한 비판을 하지 않으려고 한다. 나는 항상 아이들, 청년들 앞에 서는 사람이다. 그들에게 에너지와 사랑을 주려면 먼저 내가 충만한 상태여야 하기 때문이다.

힘들 때 가장 먼저 찾는 사람은 아내다. 아내에게 고민을 털어놓으며 위로받고 때로 조언도 듣는다. 아내는 내가 칭찬하고 격려해주면 언제 힘들었냐는 듯 일어난다면서 아이 같은 사람이라고 한다. 아내는 세상에서 나를 가장 잘 아는 사람이자 가장 빠르게 회복시켜주는 존재다.

아내를 비롯해 내가 믿고 의지하는 친구, 현명한 조언을 해줄 수 있는 사람에게도 먼저 다가가 마음의 손을 내민다. 나를 잘 아는 사람들이라 격려와 함께 중심을 잡도록 도와준다. 소중한 사람들과 힘든 일을 나누다 보면 태산 같아 보였던 문제가 손에 잡힐 듯 작아진다.

혼자만의 스트레스 해소법은 운동이다. 핸드폰 딱 끄고 옷을 여러 겹 껴입은 다음 밖으로 뛰어나간다. 근처 트랙을 달리면서 고함을 지르기도 한다. 땀을 뻘뻘 흘리고 나면 감정이 해소되고 머리도 맑아진다. 노래도 부른다. 차 안에서 노래를 틀어 놓고 열창하다 보면 기분이 풀리고 안 좋은 감정도 가라앉는다. 그리고 '다시 한번 해보자' 하는 생각이 스멀스멀 올라온다. 살다 보면 마음의 상처나 스트레스는 피할 수 없기에 자신을 추스르는 방법을 몇 가지쯤 가지고 있는 것이 좋다.

어떻게 사는 것이 옳은지는 나도 모르겠다. 내가 잘하고 있는지 한 번씩 돌아보며 앞으로 나아가고 있다. 최근에 너무 여유 없이 사는 것이 아닌가 싶어 템포를 좀 늦춰 보았다. 교육사업 외에 진행하던 경기나 재능기부, 지인의 요청 등을 적당히 조율하고 휴식시간을 가지려고 했다.

그런데 내 친구 한 놈은 나를 본받아 바쁘게 살아보고 싶다고 했다. 녀석은 주말에만 하던 운동을 평일에도 추가하고 자격증 공부를 시작했다. 주말에도 도서관에서 공부하는 등 자신을 꽤 몰아붙이는 듯 보였다.

한 달이 못 되어서 나도 친구도 안 하던 짓을 슬그머니 그만두었다. 나는 갑자기 남아도는 시간을 어떻게 효율적으로 써야 할지 몰라서 가만히 쉬는 게 오히려 힘들었다. 친구는 무리해서 몸의 면역력이 떨어졌는지 크게 아팠다고 한다.

역시 사람에겐 저마다의 리듬이 있다. 살다가 어떤 계기가 오면 바뀔 수도 있겠지만 자기 리듬을 따라 사는 것이 좋다고 본다. 새벽 5시에 일어나 바쁘게 움직이는 것이 여유를 가지는 것보다 좋은 사람의 변명이다.

같은 환경 다른 운명,
변수는 무엇일까

　전교 부회장을 맡고 있던 초등학교 5학년때 전교 회장에 출마하려고 하니 어머니가 반대하셨다. 아들이 뭔가 하고 싶다고 하면 최대한 도와주던 분이라 서러운 마음에 울고불고했다. 엄마가 반대한 이유는 돈 때문이었다.

　당시 우리 집은 경제적으로 여유롭지 못했다. 우리 때만 해도 반장, 회장 엄마들이 학교 운동회나 행사가 있을 때마다 간식을 나눠주었다. 우리 집 형편엔 부담스러운 일이었다.

　나름 화목한 우리 집에서 부모님이 사랑싸움하시는 단 하나의 이유는 돈이었다. 힘든 상황 속에서 억척스럽게 집안을 챙긴 건 어머니 쪽이었다.

엄마는 25년 넘게 장애인 요양원의 사회복지사로 근무하셨다. 한 번은 아버지에게 "내가 당신 또래 남자들을 돌보면서 돈 벌어 오는데, 당신이 좀 더 생활력 있어야 하지 않아요?" 하며 화를 내셨다. 그때 우리 집의 형편이 현실적으로 다가왔다.

어린 마음에 엄마에게 돈을 많이 벌어다 드리고 싶고, 아버지께도 용돈을 듬뿍 드리고 싶었다. 어머니를 닮아 생활력이 강했던 터라, 중학교 1학년 때부터 방학 땐 아르바이트를 했다. 처음 일한 곳은 우리 동네 중국집 '만리장성'이고 그다음은 '불티나 왕만두'란 곳이었다.

"안녕하세요, 만리장성입니다. 정성을 다하겠습니다."

누가 시키지 않아도 씩씩하고 위트 있게 전화를 받았고 사장님 몰래 서비스도 드렸다. 사장님은 처음엔 당황하셨지만 내가 손님 관리를 잘하고 매출도 껑충 뛰니 좋아하셨다.

당시 내 별명은 번개였다. 손님들 중엔 "번개 있어요? 번개야 나 왔다!" 하면서 들어오시는 분도 계셨다. 눈 오는 겨울에 철가방 들고 가다가 차에 부딪혀서 얼굴이 다 까진 경험도 있다. 그래도 손님들이 날 찾아주고 사장님의 인정을 받는 것이 좋아서 열심히 일했다.

고등학교 때에는 예식장, 세차장 등에서 일했다. 번 돈은 모두 부모님께 드렸다. 너 필요한데 쓰라고 하셔도 주머니에 찔러 드리고 달아났다. 얼른 커서 능력이 있는 어른이 되어 부모님을 호강시켜드리고 싶을 뿐이었다.

아르바이트하는 게 힘들다는 생각은 별로 안 했다. 이왕 하는 거 즐겁게 하자는 주의여서 일 자체에서 재미를 찾고 성취감을 느꼈다. 전단지 아르바이트를 할 땐 돈도 벌고 다이어트도 한다는 생각으로 발바닥에 불이나게 다녔다. 덕분에 일주일 만에 살을 엄청 뺐다. 돈만 바라보고 일했다면 지루한 시간이었을 거다. 열심히 하면 알아주는 사람이 있다는 것은 고마운 일이다.

나는 늘 가장 많은 보너스를 받는 아르바이트생이었다. 그때의 경험을 통해 어떤 일을 하든 이왕이면 제대로, 열심히, 즐겁게 하려고 한다. 삶을 대하는 태도가 다른 결과를 만든다는 것을 배웠기 때문이다.

이 세상엔 삶을 통해 울림을 주는 사람들이 있다. 나는 자기 처지에 비관하지 않고 당당히 삶에 맞서 일어난 이들을 존경한다. 사람을 존경하는 데 나이는 중요하지 않다. 존경받는 건 삶을 대하는 태도 그 자체이기 때문이다. '로봇다리 세진이'가 바로 그런 사람이다.

세진이 이야기는 여러 방송을 통해 나왔기에 알고 계신 분도 있을 것이다. 그 친구는 선천성 형성 장애로 두 다리와 한쪽 팔이 불완전하게 태어났다. 생후 5개월에 버림받았지만 어머니 양정숙씨의 지극한 사랑 안에서 성장했다.

세진이는 로봇다리로 의젓하게 서기까지 뼈를 깎는 수술을 거치고, 무수히 넘어지는 연습을 통해 두 다리로 서게 되었다. 처음 의족을 끼고 섰을 때 굉장히 아팠다고 한다. 그런데 몇 초간 높은 위치에서 바라본 세상이 너무 아름다워서 그걸 더 보기 위해 매일 아픔을 참고 연습했다.

세진이는 로봇다리를 달고 축구, 승마, 라틴댄스 등 다양한 종목에 도전했고 로키산맥에도 올랐다. 그러다 수영에도 도전하게 됐는데, 받아주는 곳이 없어서 온갖 수모를 당하며 배우러 다녔다고 한다. 아들을 위해선 무엇이든 할 수 있었던 엄마와 절대 포기하지 않았던 아들은 함께 기적을 만들어 갔다. 세진이는 장애인 수영선수로 활약하며 많은 메달을 땄고, 2016년 리우 올림픽에선 정상인도 도전하기 힘든 10km 수영마라톤 국가대표로 활약했다.

진로캠프에서 이 영상을 보여주면 훌쩍거리는 아이들이 꽤 많다. 나도 볼 때마다 눈시울이 뜨거워진다. 세진이는 매일 밤 다리를 달라고 기도했고, 엄마 양정숙 씨는 아들을 다독였다.

"너의 몸을 이루는 수천 가지 중 없는 것은 다리와 오른손뿐이야. 앞으로 어떻게 살아갈지가 더 중요해."

존경심이 드는 위대한 어머니이시다.

세진이는 한 방송을 통해 우리에게 물었다.

"저보다 좋은 다리를 가진 여러분의 다리는 얼마나 가치가 높을까요?"

내 삶에 불만이 쌓이고 내가 가진 것에 만족하지 못할 때 그 말을 떠올리면 부끄러워진다.

뭔가 가져서 행복한 게 아니라 누군가 나눌 수 있어서 행복하다던 세진이는 현재 수영선수를 은퇴하고 IOC 의원이 되기 위한 도전을 시작했다. 세상에 기대는 것이 아닌 세상이 기댈 수 있는 훌륭한 어른이 되고 싶다고 말한 세진이. 불완전하게 태어났지만 누구보다 큰 품으로 자신이 가진 것을 나누고자 하는 멋진 청년에게 존경의 마음을 전하고 싶다.

생각해 보면 우리는 참 많은 것을 가졌다. 이 책을 읽을 수 있는 눈이 있고 어디든 갈 수 있는 다리가 있다. 두 다리로 서는 것이 지상최대의 도전이었던 세진이와 비교하면 유리한 출발선에 선 셈이다.

삶이 불만족스럽고 허무함을 느끼는 사람에게 추천하고 싶은 것이 있다. 바로 봉사활동이다.

내가 처음 봉사활동을 경험한 건 고등학교 때다. 마을 이장님, 삼촌들을 따라서 연탄 봉사를 하러 갔다. 철원엔 독거노인분들이 많았는데 그분들 집에 연탄을 배달하러 갔다.

연탄을 이고 지고 올라가서 광에 쌓아 두니 할아버지가 정말 좋아하시며 복 받을 거라고 하셨다. 내가 한 일이라곤 튼튼한 두 다리와 넘치는 힘으로 연탄을 이고 올라온 것뿐이었다. 그런데 세상엔 내 작은 힘이라도 필요로 하는 사람들이 있었다. 그때 처음 마음만 있다면 내가 가진 것을 나눌 수 있다는 걸 알았다.

이후 매년 겨울이면 연탄 봉사를 간다. 연탄을 나른 뒤엔 집주인 할아버지 할머니가 타주시는 달콤한 다방 커피 한잔을 기다린다. 안 주시면 넉살 좋게 달라고 청한다. 평소엔 잘 마시지 않는데 땀을 흘리고 먹는 커피는 그렇게 맛있을 수가 없다.

작년에 대학생들을 데리고 봉사활동을 갔는데 다들 굉장히 보람 있어 했다. 학생들 중엔 불확실한 미래를 걱정하며 자괴감에 빠진 이들도 있었다. 다들 잘 먹고 잘사는데 나만 불행한 듯 보인다는 것이다. 이해되기도 한다. 인스타그램 피드를 내리면 화려한 삶이 끝없이 전시되지 않던가.

그런데 다른 사람을 동경하며 상대적 박탈감에 사로잡혀 있는 건 나를 나약하게 만들 뿐이다. 그보단 차라리 세상으로 나가서 내 힘을 보태고 나도 그 힘을 받는 편이 낫다. 내가 전달한 연탄 한 장이 누군가의 하루를 따뜻하게 해준다는 걸 느끼면 삶을 대하는 마음가짐과 태도가 달라질 수 있다.

나는 운명론자가 아니다. 다른 이보다 적게 가지고 태어날 수 있지만 운명을 개척하는 건 결국 자기 몫이라고 생각한다. 같은 환경 속에서 다른 운명을 만드는 건 결국 내 마음가짐이다. 마음가짐이 차이를 만들어낸다.

우리가 어떻게 생기고 어디서 태어났는지는 중요하지 않다. 남들과 내 처지를 비교하며 너무 좌절할 필요 없다. 세진이 어머니가 아들을 다독이던 말처럼, 과거가 어떠했든 앞으로 어떻게 살아갈지가 훨씬 중요하다. 그런 마음가짐이야말로 같은 환경 속에서도 다른 운명을 만드는 변수가 된다고 믿는다.

인생은 속도보단 방향,
토너먼트가 아닌 리그

　날씨가 좋으면 철원에선 밝은 별이 수놓아진 밤하늘을 볼 수 있다. 시골이라 빛 공해가 적기 때문이다. 어린 시절 철원의 밤길을 걸으면 하늘을 수놓은 별과 은하수에 순수하게 감탄했었다. 지금도 그때 배운 대로 북쪽 하늘에서 국자 모양의 일곱 개의 별인 북두칠성을 찾을 수 있다.

　아버지는 옛날 사막 지역에 살던 사람들은 별자리를 나침반 삼아 걸었다고 하셨다. 어디서 본 이야기를 아들에게 해주신 것이다. 그때는 '왜 별을 보지? 길을 따라가면 되는 것 아닌가?' 생각했었다.

　이 궁금증은 중학교 1학년 때 '박승현'이란 친구 덕분에 풀렸다. 아마도 수업 중에 별자리나 사막에 대해 배우다 생각나서 물어봤을 거다. 가장 친한 친구이자 전교 1등을 도맡아 하는 똑똑한 녀석답게 즉각 답이 나왔다.

"사막은 모래잖아. 바람이 불면 모양이 바뀌고, 비가 내리면 갑자기 웅덩이가 될 수도 있어. 내가 오늘 길이라고 생각했던 게 내일은 아예 모양이 바뀔 수도 있는 거야. 그러니까 늘 밤하늘에 떠 있는 별을 보고 방향을 찾는 거지."

꽤나 멋진 말이어서 오래도록 기억에 남았다.

만약 우리의 인생 여정이 사막 위를 걷는 것과 같다면, 방향을 잡을 때 땅이 아닌 하늘의 별을 봐야 할 것이다. 나는 그 별이 우리의 내면, 마음이라고 생각한다. 내 마음을 모르면 시시각각 모양을 바꾸는 사막 같은 현실에서 헤매게 된다. 나는 어떤 사람인가? 좋아하는 것은 무엇인가? 자신에게 묻고 그 답을 찾아야 한다. 스스로에 대한 가장 확실한 답은 오직 나만이 할 수 있다.

다들 빠르게 가려고 하지만 삶은 속도가 아닌 방향이 중요하다. 별을 보고 방향을 잘 잡아야 길을 잃지 않고 내가 원하는 곳에 다다를 수 있다. 지금 나아갈 방향이 막막하다면, 시시각각 변하는 주변 환경에 이리저리 치이고 있다면, 잠시 멈춰 서서 나의 궁극적 목표를 점검해봐야 한다.

나는 결혼 후 소중한 딸을 얻고 인생의 방향을 바꾸었다. 내가 정말 좋아하는 일, 사랑하는 가족들과 함께 행복해질 수 있는 일을 생각하니 어떻게 살아야 할지 명확해졌다. 그래서 회사를 그만두고 교육사업을 시작하게 된 것이다.

인생의 방향은 대학, 취업, 결혼 등 크게 몇 번만 고민하면 된다고 생각할 수 있지만 삶은 선택의 연속이다. 내가 대기업에 사표를 던지고 새로운 일을 시작한 것처럼 갑자기 인생의 방향을 틀게 될 수 있다.

아는 지인이 갑자기 의사를 때려치웠단 얘기를 들었다. 그이는 머리가 좋아서 공부를 잘했고 부모님이 정해주신 대로 의사가 되길 꿈꿨다. 그런데 힘들게 전문의를 따고 난 후 갑자기 슬럼프에 빠졌다. 모두가 선망하는 직업을 가졌지만 그 일을 하면서 평생 행복하게 살 자신이 없었다고 한다. 그때 그는 내가 무엇을 할 때 가장 행복한지 한 번도 자신에게 물어본 적이 없었다는 걸 깨달았다.

현재 그는 의사를 그만두고 요리사 자격증을 따서 작은 식당을 운영하고 있다. 매달 시그니처 메뉴가 바뀌는데 잔잔하게 소문이 나서 손님도 많다. 그는 손님들과 이야기를 나누고 메뉴를 개발하는 것에 재미와 행복을 느끼고 있다. 의사로 일할 때는 느껴보지 못한 충만감이라고 한다.

　SKY에 들어갔다가 대입을 치르는 학생과 대기업, 전문직에 종사하다가 직업을 바꾸는 사람은 생각보다 많다. 성공의 전형적인 루트를 따라 사느라 내 적성과 관심분야를 고려하지 않은 탓이다.

　남들이 선망하는 학교, 직업을 가진 사람들만 그런 건 아니다. 취업이 어려운 취준생들은 가장 먼저 적성과 관심분야를 포기한다. 그래서 취업이란 관문을 지나게 되면 한없이 작아지는 자신을 만나기도 한다.

　점점 나일 먹고 주변에서 하나둘 취업했단 소릴 들으면 나는 뭐가 부족한 건가 싶어 자존감이 떨어진다. 일단 아무 곳이라도 취업하고 싶어서 미구잡이로 이력서를 낸다. 나와 맞지 않아 보여도 '지금 이것저것 가릴 때냐 일단 취업하고 보자'라고 생각한다. 이 과정에서 이미 내가 하고 싶은 일, 잘하는 일 따위는 안중에도 없다. 목표는 오직 취업이다.

　그렇게 취업하고 나면 고생이 끝나고 행복의 문이 열릴 것 같다. 하지만 나와 안 맞는 일을 하루 종일 하는 건 생각보다 괴로운 일이다. 오직 취업을 위한 취업을 하고 나면 어느 지점에선가 왜 더 신중하게 내 인생의 방향을 설정하지 못했나 후회한다. 주변 시선을 신경 쓰고 남들과 비교하느라 엉뚱한 방향에 좌초됐음을 알게 된다.

150번 넘게 이력서를 넣어 본 사람으로서 서류전형에 계속 떨어지다 보면 내 비전을 따르기보다는 당장 취업에 급급해진다는 것을 안다. 하지만 그때야말로 조급한 마음을 잠시 내려놓고 나를 돌아봐야 할 때다.

'내가 정말 하고 싶은 일은 뭘까?'

'내가 이 일을 즐겁게 할 수 있을까?'

차분하게 생각해 볼 일이다.

한 사람이 성인으로 우뚝 서는 데는 경제적 자립이 무엇보다 중요하다. 그러나 취업은 꼭 돈만 버는 일이 아니다. 앞으로 내 시간의 대부분을 '무엇을 하며 살지'를 결정하는 일이기도 하다.

사람들은 돈과 명예를 추구하지만 그것만으로는 충분하지 않다. 우리에겐 저마다 타고난 그릇과 성향이 있기 때문이다. 대기업에서 능력을 인정받으며 일하는 게 맞는 사람이 있는가 하면, 요리사가 되어 내가 만든 메뉴를 선보이고 내 가게를 운영하는 삶이 잘 맞는 사람도 있다. 그렇기에 이력서를 넣을 땐 최소한 내가 하고자 하는 일과 지원하는 부서의 업무가 나와 잘 맞는지 살펴봐야 한다.

현장에서 컨설팅을 하다 보면 대학생들이 적성에 대한 고민을 많이 하지 않는 것 같아 아쉬움을 느낀다. 또 취준생들은 깊은 좌절감에 휩싸여 있다. "왜 그렇게 주눅이 들어 있어요?" 물어보면 몇 번의 탈락 경험이 큰 상처로 가슴에 남은 듯하다. 나 같은 무(無)스펙도 자신감과 칠전팔기 정신으로 무장했는데, 똑똑한 머리와 훌륭한 스펙을 가지고도 자신감이 없다니 안타까운 마음이었다.

왜들 쉽게 주눅이 들고 좌절할까 생각해 보면, 도전을 두려워하기 때문이다. 정확히는 도전해서 실패하는 것을 두려워한다. 그런데 인생은 단 한 번의 승부로 승패가 결정되는 토너먼트가 아니다. 내가 그간 치른 모든 경기를 합산해 순위가 결정되는 리그전이다.

그런데도 우리는 인생이 토너먼트 방식으로 운영된다고 착각한다. 한 번 실패하면 진다고 생각하다 보니 아예 도전하려 하지 않는다. 인생을 토너먼트가 아닌 리그로 바라보면 도전이 한결 쉬워진다. 경기에서 지더라도 좌절할 필요가 없다. 오늘 진 경기를 복기하며 한 단계 도약하는 계기를 만들기도 한다. 차근차근 승점을 계산하며 나아가면 된다.

관심이 가? 그럼 한 번 해보자. 해보니 나와 안 맞아? 오케이.

그럼 왜 그런지 생각해 보고 나와 잘 맞는 다른 일을 찾아보자. 이런 과정을 겪는 것을 두려워하지 않았으면 좋겠다.

나는 취업 컨설팅에 참여한 학생들을 좀 괴롭히는 편이다. 가만히 입을 꾹 닫고 있지 못하게 한다. 생각해 보자. 기업 자소서를 쓰더라도 내가 나를 모르는데 어떻게 나를 소개할 수 있을까? 내 장점도 이야기해 보고, 단점도 생각해 보고, 삶에서 가장 보람찼던 일은 무엇인지, 내가 하고 싶은 일은 무엇인지 등 일단 입을 떼 놓는 게 중요하다. 다른 사람의 얘길 듣고 내 얘기도 하다 보면 내가 바라는 것을 이야기하는 게 점점 익숙해진다. 그런 자신감과 내면의 힘이 생겼을 때 취업이든 창업이든 할 수 있다.

한판 졌다고 우리 인생이 끝장나지 않는다. 오늘 지더라도 내일 다시 시합에 나가야 하는 것, 그것이 인생이다. 그러므로 오늘은 중요하다. 어제 넘어졌더라도 오늘은 툭툭 털고 일어나야 한다.

남들이 얼마나 빠르게 달리고 잘 해냈는지 너무 신경 쓸 필요도 없다. 경쟁심에 내 페이스를 잃으면 결국 내 손해다. 남을 따라 빨리 가봤자 그게 내가 원하는 방향이 아니라면 무슨 소용이겠는가. 어제보다 더 성장한 오늘이면 충분하다는 생각으로, 삶은 속도가 아닌 방향이라는 것을 알고 꾸준히 나아가면 된다.

그 어떤 순간도
무의미하지 않다

　최선을 다하는 것은 때로 무의미함과 싸우는 일이다. 결과를 장담할 수 없는 일에 매달릴 때면 온갖 부정적인 마음에 시달린다. 확신을 가질 수 없을 땐 내가 왜 열심히 해야 하나 싶어 동기 부여가 되지 않는다. 나도 종종 이런 마음에 시달리고 다 놓아버리고 싶을 때가 있었다.

　야심차게 기둥교육을 시작한 초기, 꼭 진행하고 싶은 사업이 있었다. 모 단체의 진로 교육 프로그램이 그것이다. 경쟁사는 이름만 대면 다 아는 기업이었다. 그래선지 함께 뭉친 팀원들의 반응이 회의적이었다. 나 또한 계란으로 바위 치기란 것을 직감했지만 쉽게 포기가 되지 않았다.

프로그램을 준비하는 6개월간 살이 14kg이나 빠졌다. 밤낮없이 일에 매달리느라 그렇기도 하고 프리젠테이션 때 좋은 모습을 보이고 싶어 감량하기도 했다.

결전의 날, 우리 회사에 주어진 시간은 13분이었다. 나는 모든 걸 쏟아내며 열정적으로 기둥교육의 프로그램을 소개했다. 이어서 상대 팀의 발표가 시작됐다. 나는 이기고자 편법을 쓰거나 상대를 헐뜯는 걸 싫어한다. 그런데 객관적으로 보려고 애써도 상대 팀의 프리젠테이션은 어딘가 허술했다. 시간 분배를 못 해서 발표도 정해진 시간을 초과했다. 이러면 우리 쪽에도 승산이 있지 않을까 기대하는 마음으로 결과를 기다렸다.

결과는 몇 시간 후 나왔고 상대 팀의 승리였다. 허탈함이 컸지만 이미 나온 결과이기에 승복할 수밖에 없었다. 상대 팀에게 먼저 다가가 악수하고 축하의 말을 전했다. 심사위원에게도 가서 인사를 했다.

"많이 부족했습니다. 저희가 더 노력하겠습니다. 다음에 기회가 되면 인사드리러 오겠습니다."

그 장소를 벗어나는데 왜 그렇게 다리가 후들거리던지……. 함께 고생한 팀원들의 표정은 나보다 더 엉망이었다. 팀원들은 "우리 프로그램이 더 알차고 풍부했다, 대기업으로 이미 내정되어 있었다. 내가 문을 박차고 나갔어도 전혀 이상하지 않았을 거다."라고 한마디씩 했다. 솔직히 동의하는 마음이 컸지만 말을 더 보태진 않았다.

사람들과 헤어지고 차에 혼자 앉아 있는데 눈물이 쏟아졌다. 내가 덩치에 안 맞게 좀 감성적이다. 6개월의 시간이 주마등처럼 스쳐 지나갔다. 이제 스스로를 다독여야 할 시간이었다. 혼자니까 부끄러움 없이 나를 향해 말했다.

"엄기성. 너 고생한 거 알아. 심사위원들은 몰라도 내가 알아줄게. 수고했어."

다음 날 SNS에 〈어제 꼭 진행하고픈 사업에서 미끄러졌습니다. 미끄러진 이유는 실력이 부족해서 입니다.〉라는 글을 썼다. 저도 억울한 심정이면서 잘난 척한다 싶겠지만 그건 철저히 나를 위한 선택이었다. 실패의 원인을 운, 인맥에서 찾기 시작하면 상대적으로 노력을 덜 하게 된다. 그 시기 나는 기둥교육을 키우기 위해 최선을 다해 달려야 하는 상황이었다. 내가 믿을 건 노력뿐이었다.

나는 어떤 일에서 성공하기 위한 요건 중 노력이 차지하는 비율이 100중 90에 이른다고 생각한다. 노력은 목표를 이루기 위해 행하는 모든 행동을 말한다. 그날 PT 결과를 인정하지 못하고 억울한 티를 내면서 문을 박차고 나갔다면, 내 6개월의 노력은 실패로 기록되었을 것이다. 하지만 나는 다음을 기약하고 싶었기에 승자에게 악수를 청하고 심사위원에게 더 노력하겠다고 인사했다.

결국에는 어떻게 되었을까? 얼마 후 그 단체에서 먼저 연락이 왔고 다른 일을 맡아 진행하게 되었다. PT에서 지고도 더 노력하겠다고 인사한 사람이라 신뢰가 갔다는 말과 함께였다.

살다 보면 내 노력을 배신하는 씁쓸한 경험을 하기도 한다. 그리고 그 경험을 어떻게 다루느냐는 철저히 나에게 달려 있다. 내가 실패라고 이름 붙이지 않는 한 실패가 아니다. 모든 경험은 피가 되고 살이 될 것이다. 이렇게 생각하면 힘든 시기를 지날 때 좌절하지 않고 나를 다독일 수 있다.

난 인생에서 무의미함과 계속 싸워왔다. 장교 시험을 볼 땐 어차피 최종 신체검사에서 떨어질 걸 알고 있었다. 그런 생각을 하면서 필기시험을 열심히 보는 것, 면접에서 최선을 다하는 것이 의미 없게 느껴졌다. 하지만 포기할 수 없었다. 혹시 모를 경우의 수가 생길 수 있다는 희망으로 도전하고 또 도전했다.

면접은커녕 서류전형에서 계속 미끄러지던 취준 시절도 마찬

가지였다. 매일 5시에 눈을 뜨면 어제와 다름없이 이력서 쓸 기업을 분석하고, 자기소개서를 쓰고, 스터디를 했다. 이력서를 보낸 후엔 언제 서류전형 합격 통보가 올까 가슴을 졸였다.

그런 시간이 1년이 넘어가자 어차피 보는 사람도 없는데 뭐하러 이런 고생을 하나 싶었고, 내가 쟁쟁한 다른 지원자들에 비해 한참 모자란 사람 같아 의기소침해졌다. 자기가 하는 일이 의미가 없다고 여겨질 때만큼 힘든 순간이 없다. 한번 슬럼프에 빠지면 다시 나오는 데 며칠이 걸렸다.

그러나 그 순간들은 결코 무의미하지 않았다. 장교의 꿈이 좌절되고 공익근무를 하게 됐지만, 그 과정에서 강원대에 편입할 마음을 먹지 않았던가. 무수한 서류 탈락은 내가 무엇이 부족한지 알게 하고 다음번 도전을 위한 재정비 기회가 되어 주었다. 눈물 나는 취준 시기가 있었기에 오늘날 청년들의 멘토가 되어 그들의 마음을 헤아릴 수 있게 됐다.

롯데 인턴이 되고 처음 맡은 일은 〈처음처럼〉 포스터를 붙이는 일이었다. 강원도는 내가 지원해서 온 곳이지만 포스터를 붙이러 돌아다니게 될 줄은 몰랐다. 아는 사람을 마주칠 확률이 높은 곳을 가게 되면 괜히 낯이 뜨거웠다. 고작 이런 일을 하려고 힘들게 대기업에 입사했나 이런 걸 붙인다고 누가 알아주나 싶어 마음이 힘들었다.

'대충해. 그런다고 누가 알아줘?'

머릿속에서 그런 말이 들렸다. 가만 생각해 보니 학창시절 아르바이트할 때 자주 듣던 말이었다. 같이 일하는 사람들은 내가 열심히 하는 걸 못마땅하게 여겼다. 나와 비교 당할까 봐 걱정한 것이다. 세차장 알바를 할 때 보이지 않는 곳까지 칫솔로 박박 닦고 있었더니 같이 일하던 형이 노골적으로 비웃었다. 같은 돈 받고 왜 그렇게까지 하냐고. 누가 알아주냐고.

잠시 고민했다. 다른 사람에게 인정받고 좋은 평가를 받아야만 내가 한 일에 가치가 생기는 것일까? 내가 내린 결론은 '아니다'였다. 누가 알아주지 않아도 나는 내가 최선을 다했다는 걸 안다.

이렇게 내 행동의 중심을 외부의 칭찬과 인정이 아닌 자신에게 두면 자존감이 높아지고 나를 더욱 사랑할 수 있게 된다. 나는 그때나 지금이나 자기 할 일을 묵묵히 하는 사람과 모두가 가망 없다고 할 때도 희망을 놓지 않고 최선을 다하는 사람을 존경한다.

'아무도 모르긴. 내가 알잖아.'

이런 생각을 하자 허무함에 빠져 있었던 신입사원의 자세가 달라졌다. 깔끔한 양복 차림으로 〈처음처럼〉 홍보 포스터를 정성스럽게 붙이고 다녔다. 아는 사람과 마주쳐도 밝게 인사했다. 누구도 내 일을 하찮게 여기지 않았다. 부끄러움은 내 마음속에만 있었다.

번화가에 홍보하러 갈 때도 말 한마디 한마디에 정성을 쏟았다. 모두가 내 말에 귀 기울이거나 당장 우리 회사 물건을 들여놓아 주진 않았다. 그러나 열에 한 명은 내 정성을 알아주었다. 그런 만남을 통해 영업이 무엇인지 몸으로 체험하고, 그 경험들이 나를 영업왕으로 만드는 데 일조했다.

잠시 축구 이야기를 하려고 한다. 축구에 관심 없는 사람이라도 월드컵 경기가 있을 땐 마음이 설렐 것이다. 2002년 뜨거운 여름을 기억하는 사람은 더욱 그렇다.

2022년 카타르 월드컵 16강 진출은 현실적으로 어려워 보였다. 1무 1패의 시점에서 16강에 진출하려면 축구 강국 포르투갈을 이겨야 했고, 이긴 후에도 경우의 수를 따져야만 하는 상황이었다. 무조건 이겨야만 희망을 품을 수 있는데 우리 팀은 전반 5분 만에 실점했다. 이때 많은 사람들이 포르투갈을 이기기 어렵다고 생각했다. 나 역시 그런 마음이 지배적이었다.

한편으론 기적이 일어나서 우리가 16강에 진출하게 되길 간절히 바랐다. 엄청난 압박감 속에서 축구장을 누비는 선수들은 더욱 간절했을 것이다. 전반 실점이라는 심리적 악조건 속에서도 우리 선수들은 포기하지 않았고, 전반전에 동점 골을 터뜨렸다. 이를 악물고 덤벼들더니 후반전에 역전 골까지 터졌다. 우리 집도 그랬지만 전 국민이 난리가 난 상황이었다. 우리가 포르투갈을 이긴 것이다.

이제 우리에겐 경우의 수가 필요했다. 16강에 진출하려면 우루과이가 가나를 이겨야 했다. 기적은 연달아 두 번 일어났다. 우루과이가 가나를 2대 0으로 제쳤고, 한국이 다득점에 앞서 조 2위로 16강 진출에 성공한 것이다. 설마설마하던 일이 현실이 되었다.

경기가 끝난 후 손흥민 선수는 외신과의 인터뷰에서 이렇게 말했다.

"우리 팀은 할 수 있는 모든 일을 했습니다. 16강에 올라갈 자격이 있어요."

맞다. 우리 팀은 승리할 자격, 16강에 올라갈 자격이 충분했다. 강호 포르투갈을 상대로 해야 하고 이기더라도 다른 팀의 경기 결과에 따라 16강행이 좌우되는 상황에서 실낱같은 희망을 끝까지 붙들었다. 나는 선수들이 느꼈을 막막함과 두려움을 잘 안다. 포르투갈이라는 강호를 상대로 전반에 실점하고도 포기하지 않고 역전승한 선수들이 자랑스러웠다. 선수들이 눈물을 쏟는 걸 보며 같이 울었다.

이후 다시 강호 브라질을 만나 멋지게 싸웠지만 우리 선수들의 여정은 거기에서 끝났다. 그렇다고 16강행이 무의미했는가? 이기지 않으면 의미가 없을까? 아니다. 도전은 그 자체로 의미 있다. 도전을 통해 무엇을 얻게 될지, 미래에 어떤 영향을 줄지 알 수 없다. 그러니 희망이 없어 보여도, 내 노력이 무의미해 보이는 상황이라도 성실하게 최선을 다해야 한다.

꼰대같은 말을 하나 하자면, 사회 초년생들은 노력은 있으나 성과가 없어 보이는 현실에 좌절하는 경우가 많다. 내 시간과 노력을 쏟아부어도 밑 빠진 독에 물 붓기처럼 여겨지기 때문이다.

그런데 모든 일은 기반을 닦을 때까진 어느 정도의 투자시간이 필요하다. 성공한 CEO, 한 분야에 전문가들도 하룻밤 사이에 그 자리에 오르지 않았다.

예를 들어 기획서를 처음 만드는 신입사원이라면, 팀장에게 반려당할 수 있는 서툰 기획서를 만들기 위해 그 부서 누구보다 열심히 일해야 한다. 홀로 사무실에 남아 늦게까지 일하는 것을 억울해할 필요 없다. 그것은 일종의 투자다. 머지않아 적은 시간만 들이고도 꽤 괜찮은 기획서를 만들 줄 알게 될 것이다.

　가장 많이 일하고 가장 적은 성과를 내는 시간을 견디면 성취에서 한발 다가서게 된다. 노력이 차곡차곡 쌓여 뿌리 내릴 때까지 최선을 다해야 성공의 궤도에 진입할 수 있다. 그러니 당장 결과가 나오지 않더라도 실망할 필요 없다.

　성실하게 최선을 다해 내가 할 수 있는 일들을 하자. 그 어떤 순간도 무의미하지 않음을 기억하면서 말이다. 그럼 언젠가 뜻밖의 선물이 나를 찾아올지 모른다.

PART 3.

최고의 전략은

진심이라고

말하는 남자

실패의 달인이 전하는 진심
1승이 간절한 그대에게

따뜻한 마음은
의외로 힘이 세다

　롯데주류 인턴을 거쳐 정직원이 된 후, 고향에서 일하고 싶다는 내 의사에 따라 강원지사에 배치되었다. 내가 영업해야 할 제품은 소주였다. 제품 영업을 하며 배운 한 가지는 물건만큼 중요한 건 그것을 파는 사람이란 것이다.

　소주 모델은 늘 당대 최고 스타가 맡는데 '처음처럼' 모델은 인기가수 이효리 씨였다. 그런데 업소 입장에선 모델은 모델일 뿐이다. 모델이 멋있다는 이유로 브랜드를 바꾸진 않는다. 마음을 바꾸게 하는 건 영업 사원이다. 이때 필요한 건 현란한 판매 기술보단 진실성이다. 사장님들에게 진실하게 다가갔을 때 마음을 열고 물건을 받아 주셨다.

우리 모두 비슷한 경험이 있다. 친절한 사장님의 가게는 멀더라도 찾아가게 되지 않던가. 내가 대학생 때 자췻집 근처에 자주 가는 토스트 가게가 있었다. 주변에 토스트 가게가 세 군데 있었는데 항상 그곳을 찾았다.

"케첩 많이?"

"네."

"지난번 축구대회 잘 치렀어?"

"당연히 이겼죠."

사장님은 내 취향은 물론 소소하게 나눈 대화를 기억하셨다. 추운 날엔 청하지 않아도 따끈한 어묵 국물부터 한 컵 내어주셨다. 솔직히 토스트 맛은 거기서 거긴데 굳이 그곳으로 가는 이유는 사장님 때문이었다. 잠깐 이야기를 나누고 "기성학생 오늘도 힘내!" 소릴 듣는 게 좋았다. 좀 우울한 날에도 사장님을 만나고 오면 가슴이 따뜻했다. 늘 한결같은 모습으로 맞아주는 사람이 있다는 게 위로가 되었다고 할까. 사람 마음이 다 똑같은지 위치가 살짝 외진데도 단골이 많았다.

"진심을 다해 사람의 마음을 움직이자."

그것이 내가 세운 유일한 영업 전략이었다.

나의 영업 무대는 술 소비가 많은 장례식장, 그리고 전국 대학 상권 2위였던 강원대 후문의 술집들이었다. 강원도에서 가장 규모가 큰 장례식장의 담당을 공략하기 위해 주변 인맥들을 활용했다. '자연스러운 만남을 추구한다'는 요즘 말처럼 영업에서도 '자만추'를 하고 싶어서다. 열정 넘치던 신입사원 시절이다.

지인을 통해 알게 된 바에 의하면 담당 실장님은 수상스키가 취미였다. '언제 그 얘기를 화제로 삼아야겠다' 싶었는데 주말에 빠지에 간다는 첩보를 입수했다. 나도 친구 한 놈 데리고 따라갔다. 실장님과 여자친구분이 보이길래 화려한 포도 파인애플 칵테일 두 잔을 사 들고 인사드리러 갔다.

"안녕하세요, 실장님! 데이트 중에 죄송합니다. 저는 일전에 찾아뵈었던 롯데주류 엄기성입니다. 우연히 뵙게 되어 작은 선물을 드리고 싶습니다."

실장님은 뜻밖의 장소에서 나를 만나서 무척 놀란 눈치였다. 일단 음료만 전달하고 바로 자리를 비켜드렸다. 이후 다시 찾아뵈러 갔더니 내가 일부러 따라간 걸 알고 계셨다. 불편하게 해드려 죄송하다고 했더니 오히려 감동이었다고 한다.

그날 실장님은 별말씀 없이 소주 브랜드를 우리 회사 제품으로 변경해 주셨다. 한 달 매출 2억 원에 달하는 큰 거래였다. 빠지에서 쓴 돈이 고작 7만 원인 것을 감안하면 어마어마한 성과였다.

　장례식장에 우리 제품을 넣은 것에 고무되어 더 열심히 영업을 다녔다. 강원대 후문 근방엔 소주를 취급하는 음식점과 술집이 196개가 있었다. 지금도 내가 뻔질나게 드나들던 가게의 이름이 생각난다. 사장님과 매니저들을 자주 찾아뵙고 인사드리다 보면 어느 날 우리 제품으로 바꿔 주기도 하셨다. 그때 배운 사실은 '영업은 첫술에 배부르지 않다'는 것이다. 오늘 안 되더라도 다음 기회를 생각해야 한다.

　정기적으로 인사를 드리러 가는 날, 한 프랜차이즈 술집을 찾아갔는데 사장님이 안 계셨다. 무뚝뚝하긴 하지만 날 내치지 않고 음료도 한 잔씩 내어주던 분이셨다. 직원에게 무슨 일이냐고 물었더니 어머니가 많이 편찮으시다고 했다.

　그 말에 가슴이 덜컹했다. 나도 그즈음 동생을 잃었기 때문이다. 소중한 사람을 떠나보내는 심정이 얼마나 아픈지 알기에 가만있을 수 없었다. 직원에게 병원 위치를 묻고, 다음 날 새벽에 버스를 타고 부산으로 갔다.

　"기성 씨가 여긴 어쩐 일이에요."

　사장님은 병실 앞에서 꾸벅 인사하는 나를 귀신 보듯 하셨다. 지난번보다 수척해진 모습에 마음이 아팠다. 사장님 손을 딱 붙잡고 말씀드렸다.

"사장님은 일개 영업 사원인 저를 흔치 않게 인간적으로 대해 주신 분입니다. 그런 분이 지금 힘든 시간을 보내고 계신다는 얘길 듣고 마음이 편치 않았어요. 저도 최근 비슷한 경험이 있어서……. 사장님이 얼마나 힘드실지 알고 있습니다. 작은 위로라도 되어 드리고 싶어서 왔습니다."

가만히 듣고 있던 사장님이 막 우셨다. 나도 눈물이 나서 함께 울었다. 술집 20년에 나 같은 영업 사원은 처음 봤다고 하셨다. 그게 인연이 되어 우리는 가까워졌다. 사장님은 회사 그만두면 같이 동업하자고 하시고, 결혼식에도 찾아와 주셨다. 아직도 소주는 '처음처럼'만 팔고 계신다.

물건만 팔겠다는 욕심에 사로잡혀 있었다면 롯데그룹 전체 영업왕 2연속 1위란 성과는 내기 어려웠을 것이다. 발에 땀이 나게 뛰어다녔지만 급하게 물건을 들이밀지 않았다. 대신 사람 대 사람으로서 진심을 전하고 신뢰를 쌓으려고 했다. 내가 누군가의 마음을 움직였다면 그건 진심 덕분이다.

사람은 무의식적으로 사회적 지위와 부에 따라 급을 나누고 그에 따라 행동하게 된다. 기업 CEO와 마트 판매원을 대하는 태도는 다를 수밖에 없다. 나는 강원도 촌놈에 가진 것도 없는 사람이었다. 내가 아무것도 아닐 때 무시하지 않고 인간적으로 존중해주신 분, 힘들 때 등 한 번 토닥여주신 분에 대한 고마움을 지금도 잊지 못한다.

받은 정이 있어서 그런지 나도 그런 사람이 되고 싶었다. 가장 낮은 곳에서 힘든 일을 하는 분들, 보이지 않는 곳에서 다른 사람을 빛내주는 분들에게 따뜻한 말 한마디라도 하고 고생한 걸 알아주려고 한다.

얼마 전 양구에서 풋살대회를 진행했다. 행사 총괄에게 식사 시간이 되면 오늘 경기 도와주러 온 일용직 경기 보조, 청소부, 의료진분들 밥부터 챙겨 드리라고 부탁했다. 그런 분들부터 챙기는 게 내 철칙이다.

경기하러 온 선수들은 참가비를 내고 이기면 상금도 받는다. 사실 부족할 게 없는 사람들이다. 그런데 경기 내내 뙤약볕 아래서 보조하는 알바생은 학비와 용돈을 벌러, 청소 이모님들은 생계를 위해 나온 분들이다. 그 마음을 충분히 이해하기에 음료수라도 하나 챙겨 드리고, 시원한 곳에서 식사하시라고 파라솔도 비워 드린다. "식사 맛있게 하세요, 고생하셨습니다" 하는 인사도 잊지 않는다.

대회가 끝나고 피드백을 랜덤으로 받아 보니 "경기 보조해주신 분들이 부지런했다", "경기장이 깨끗했다", "넘어져서 다쳤을 때 친절하게 약을 발라주셨다" 등 좋은 이야기가 많았다. 제 역할을 충실히 해주신 분들 덕분에 대회가 좋은 인상으로 남게 된 것이다. 감사한 마음에 전화를 드렸더니 이런 전화가 온 건 처음이라고 하신다. 중요한 사람도 아닌데 잘 챙겨주셔서 감사한 마음에 일을 열심히 하게 되더라는 말씀도 하셨다.

사람을 대하는 방식이 '내게 도움이 되느냐', '힘이 있는 사람이냐'로 결정되는 경우가 많다. 나는 "그렇지 않다"라고 확신있게 얘기할 수는 없다. 솔직히 내 일에 영향력이 있는 사람은 더 조심스럽게 정성으로 대할 수밖에 없다. 다만 외적인 조건으로 사람을 차별하지 않으려고 노력한다.

상대가 누구든 존중하고 따뜻한 마음으로 대하면 소중한 인맥이 된다. 내 핸드폰에는 법조인, 기업인, 운동선수, 예술가, 정치인부터 롯데에서 일할 때 알게 된 사장님들, 경기 보조 일을 성실하게 해주어 가까워진 알바생 등 다양한 루트로 인연을 맺은 사람들의 연락처가 있다. 10대부터 70대까지 연령층도 다양하다. 모두 내가 소중하게 아끼고 가꾸고 싶은 인연이자 인맥이다.

작년 10월엔 롯데그룹 근무 당시 철원군 인재육성장학금 프로젝트에 큰 도움을 주신 이사님과 동료들이 철원으로 휴가를 오셨다. 내년에도 장학금 사업을 할 수 있게 해달라고 부탁드리며 맛집으로 모셨다. 퇴사 후에도 여전히 끈끈하게 소통할 수 있음에 감사하고, 큰 에너지를 실어주심에 감사했다.

올해 생일에 반가운 카톡이 왔다.
〈엄기성 신랑님, 무탈하게 지내지요? 생일 축하드립니다. 예쁜 아내, 딸과 늘 행복한 나날 보내시기 바랍니다.〉
이모님에겐 난 12년 전 그때처럼 신랑님이다. 이분과는 웨딩 촬영 현장에서 만났다. 아내 드레스를 담당해 주셨는데 촬영 당일 몸이 안 좋으셨다. 땀을 많이 흘리고 안색이 창백해 보여서 빨리 촬영을 끝냈다. 예쁜 사진 남길 생각에 아내도 나도 들떠 있었지만 아픈 사람을 고생시키면서까지 하고 싶지 않았다.
아내가 옷 갈아입으러 갔을 때 대기실에 계신 이모님을 찾아갔다. 평생 한 번 있는 촬영을 자기 때문에 망쳐서 어떡하냐고 눈물을 보이셨다. 괜찮다고 안심시켜 드리자 자기가 만난 신랑신부가 천 명인데 나처럼 고마운 신랑은 처음이라고 하셨다. 딸이 있다면 꼭 신랑님 같은 사람과 결혼시키고 싶다고도 하셨다. 결혼식 앞두고 그 말을 들어 아쉽다고 하니 그제야 웃음을 보이셨다.

이후 이모님과의 인연은 쭉 이어졌다. 이모님은 지금도 종종 내 SNS에 좋아요를 누르고 댓글도 달아주신다. 매년 내 생일은 챙겨주시고, 아내와 딸의 소식도 관심 있게 보신다. 아내가 힘겨운 시험관 아기 시술 끝에 딸을 낳았을 때도 축하의 말을 잊지 않으셨다.

"참 좋은 신랑이야."

"와이프 건강할 거예요."

"딸이 참 예뻐요. 무럭무럭 자라렴."

삶의 순간마다 그분이 해주신 말씀은 위로와 기쁨이 되었다. 내가 베푼 작은 호의가 그만큼의 가치가 있었나 싶을 만큼 오래 사랑받고 있다. 이모님의 다정한 덕담과 축하 덕분에 우리 가족이 앞으로도 행복할 것 같다.

이모님처럼 나에겐 매일 작은 관심과 애정을 나누어 주시는 분들이 더 계시다. 요즘은 따뜻한 마음의 힘이 의외로 힘이 세고 오래 지속된다는 걸 느끼는 때다. 그렇다 보니 그냥 스쳐 지나갈 수 있는 사람들에게도 내가 할 수 있는 정성을 다하려고 노력한다. 앞으로도 나는 따뜻한 힘을 믿으며 사람과 사람을 이어주는 연결고리 '인연'을 소중하게 여기며 살아가려 한다.

1만 명의 인맥,
정성으로 엮고 진심으로 가꾸는 일

2016년 《강원도민일보》에 '결혼식 사회만 1천 번 본 30대 젊은 인맥왕'이란 타이틀로 기사가 실렸다. 사람들이 이러다 기네스북에 오르는 거 아니냐고 했다. 전문 MC는 아니지만 사회를 청하면 마다하지 않고 달려갔다. 워낙 사람을 좋아하기 때문이다.

가까운 초·중·고 동창의 부탁으로 시작한 것이 직장 동료와 학교 선후배, 지인들의 결혼식과 각종 경사로 이어졌다. 젊은 부부도 있었고 환갑을 바라보는 분도 계셨다. 동남아 국적의 외국인 지인을 위해 전통 혼례 사회도 본 적 있다.

"어머니 앞에 그동안 예쁘게 키운 딸이 있습니다. 참 고생 많으셨습니다. 어머니가 잘 키워주신 덕분에 오늘 이렇게 기쁜 날이 왔습니다."

결혼식에서 이렇게 말하면 대부분 눈물지으신다. 소중한 딸을 낳고 나서는 그 멘트가 남다르게 느껴졌다. 훗날 내가 딸을 시집보낸다면? 하도 울어서 꼴불견이란 소리 들을지도 모른다.

아무튼 좋은 날 신부와 가족들을 너무 울려서는 안 되기에 금방 재미있는 농담으로 분위기를 띄웠다. 결혼식이란 통과의례가 아름다운 추억으로 남을 수 있도록 매 순간 마음을 다했다.

요즘도 사회를 보느냐고 묻는다면 아니다. 현업에 충실하기 위해 가까운 지인들을 제외하고는 사회 보는 일을 사양하고 있다. 누군가의 인생의 중요한 순간에 초대받아 함께 기쁨과 감동을 느낀 시간들은 내게도 행복한 기억으로 남아 있다.

'결혼식 사회만 1천 번 본 30대 젊은 인맥왕'이란 기사가 나갔던 때로부터 7년이 지난 지금, 사회를 본 횟수를 헤아려 보니 약 2천 번에 달한다. 많이도 봤다 싶다. 인터뷰 당시엔 휴대전화에 저장된 인원이 1만여 명, 카카오톡 친구는 5천 명이었다. 현재는 그 숫자가 약 두 배로 불어난 상황이다. 사람의 연락처를 인맥으로 연결 지을 순 없지만 규모가 과거보다 커진 건 확실하다.

매일 자정에 생일자들의 알림을 살펴본다. 오늘도 사촌 동생,

인터뷰로 한 번 만난 기자분을 비롯해 여러 명에게 생일 축하 메시지를 보냈다. 모두 챙기진 못하지만 기쁜 날엔 축하 인사를 하고 어렵고 힘든 날엔 위로하려고 노력한다.

사람들과 헤어져 돌아갈 때도 가능하면 인사를 전한다. 브리핑 등 일로 사람을 만나면 오늘 수고 많으셨고 감사하다는 메시지를 보낸다. 일이 잘됐을 때도 그렇지만 어긋나거나 성과가 없을 때도 마찬가지다. 아버지 담당 의사 선생님께도 진료 후에 감사의 인사를 드린다. 한번 하고 말 줄 아셨을 텐데 매번 메시지를 보냈더니 아버지 건강 상태와 함께 응원의 말씀을 해주신다. 땡볕에서 고생한 알바생에게는 퇴근할 때 시원한 커피 한 잔 마시라고 기프티콘을 보내줄 때도 있다. 별 것 아니지만 이런 게 관심이고 정성이라고 생각한다.

인맥이란 무엇일까? 우리가 자주 사용하는 인맥이란 말은 드라마 〈미생〉에 나온 '꽌시(关系)'에 가깝다. 중국 문화인 꽌시는 '안되는 일도 되게 만들고 되는 일도 안되게 만든다'는 의미가 담겨있다. 한 마디로 힘과 연줄로 내가 원하는 걸 이루는 관계를 말한다. 이런 인맥은 사업이나 사회적 성공에는 유리할 것이다. 그러나 진정한 의미의 인간관계를 형성하는 것과는 거리가 있다.

나도 요즘 인맥에 대한 생각을 많이 한다. 인맥은 양날의 검인 듯하다. 좋을 땐 참 좋은데 그로 인한 어려움도 많다. 지금도 머릿속에 마찰이 있는 사람들, 내게 섭섭해하는 사람들과 어떻게 풀어야 할지에 대한 고민이 맴돈다. 많은 생각과 고민이 있지만 여전히 나에게 사람은 가장 큰 위로이자 힘이고 보석과 같은 존재다. 그래서 진심을 전하고 신뢰할 수 있는 인맥을 쌓으려고 한다.

옷깃만 스쳐도 인연이다. 우리가 삶 속에서 어떻게 다시 만날지 모르는 일이다. 내가 할 수 있는 일은 지금 이 순간에 최선을 다하며 소중하게 가꾸는 것뿐이다.

사회심리학자 스탠리 밀그램의 '6단계 분리 법칙'은 전 세계인은 6명만 거치면 모두 알게 된다는 이론이다. 그는 1967년에 불특정 다수에게 여러 통의 편지를 보내 보스턴에 사는 한 인물에게 도착할 수 있도록 협조해 달라고 부탁했다. 결과적으로 밀그램이 보낸 편지의 절반가량이 6단계를 거쳐 보스턴의 특정 인물에게 전달되었다. 요즘은 SNS의 발달로 이 과정이 3단계로 줄어들었다고 한다.

전 세계 누구와도 몇 단계만 거치면 연결될 수 있다는 것이 참 신기하지 않은가. 진짜 그런지 실험해 보고 싶다는 생각을 했다가, 그럴 필요가 없다는 걸 알았다. 나만 해도 진로 캠프에 필요한 특정 직업군의 사람, 조언을 구할 전문가, 필요한 인력을 인맥을 통해 어렵지 않게 구하고 있기 때문이다. 또한 내가 누군가에게 그런 사람이 되기도 한다.

우리는 살아가면서 여러 사람들과 알고 지낸다. 내 친구의 가족, 그 가족의 지인, 직장 동료의 학교 후배 등 나로부터 출발한 인간관계에 선을 이어보면, 전혀 상관없으리라 생각한 사람들과 연결될 수 있다. 세상은 넓지만 인간관계로 압축하면 작아진다.

SNS 등 인터넷 문화는 서로의 연결을 더욱 강화한다. 서로 무관하게 살아가는 사람들 사이를 선으로 이으면 나와 어떤 관계가 될 수 있다. 이렇게 연결되어 있다고 생각하면 서로 존중하고 도우면서 살아가야 할 것 같다. 어느 한쪽의 피해나 아픔은 결국 우리 모두의 고통으로 이어질 수 있기 때문이다.

사람들은 때로 다신 안 볼 사이라며 서로를 함부로 대하기도 한다. 식당 직원 등에게 함부로 말하거나 길에서 시비가 붙는 경우가 그 예다. 그런데 오늘 내가 무시하고 함부로 대한 이가 훗날 꼭 필요한 사람이 될지 누가 알겠는가. 이해관계를 떠나 모든 인연을 소중하게 대해야 한다는 생각이 든다.

나에겐 많은 인맥이 있지만 그중 가깝게 지내는 이들은 어린 시절부터 함께 한 동창들이다. 내가 생각하는 진정한 인맥은 궂은날 곁에 있어 주는 것이다. 좋은 일은 말 한마디면 되지만 슬픈 일은 옆에 있어 주는 게 힘이 된다. 그래서 친구들에게 힘든 일이 생기면 손을 잡아주려고 했다. 부친상을 당한 친구와 함께 빈소를 지키고 장지를 따라간 일을 친구는 20년이 다 된 지금도 두고두고 고마워한다.

벗이 슬픔을 당할 때 곁을 지키는 게 당연하다고 여기면서도 내게 그런 일이 닥칠 줄은 꿈에도 몰랐다. 롯데주류에 합격하고 입사를 앞둔 어느 날, 청천벽력같은 일이 벌어졌다. 사랑하는 동생이 세상을 떠난 것이다.

어제까지도 얼굴을 마주했던 동생이 하늘로 가버렸다는 게 믿어지지 않았다. 하늘이 무너진다는 게 어떤 것인지 처음으로 느꼈다. 친구의 고통을 함께 지고 있다고 생각했었는데, 막상 내게 그 일이 닥치니 상상을 넘어서는 아픔이 밀려왔다. 아버지는 충격에 울지도 못하셨다. 내 인생에서 가장 힘든 날이었다.

자식을 앞세운 부모님의 고통을 보며 함께 무너질 수 없어 이를 악물었던 그 날, 동창들이 하나둘 빈소에 나타났다. 친구들은 부모님 손을 잡고 자기 일처럼 가슴 아파했다. 같은 마을에서 자라 동생을 잘 아는 친구들은 자기 형제를 잃은 것처럼 눈물을 흘렸다. 외국에 있던 한 친구는 소식을 듣자마자 비행기를 타고 날아왔다.

사회적 지위도, 돈도 없는 집이라 동생 빈소엔 근조 화환 하나 없었다. 그런데 '친구란 내 슬픔을 등에 지고 가는 사람이다'라는 인디언 격언처럼, 나에겐 슬픔을 나누어진 친구들이 있었다. 그들 덕분에 동생을 무사히 하늘나라로 보내줄 수 있었다. 100명이 넘는 친구들이 장지까지 함께 와 주었다.

내가 황망한 일을 겪으니 힘들 때 곁에 있어 주는 것이 얼마나 감사한 일인지 새삼 깨달았다. 빈소에 찾아와 준 동창들 덕분에 내가 헛살진 않았구나 깨달았다. 나를 아껴주는 이들의 존재를 기억하며 다시 힘을 낼 수 있었다. 그리고 소중한 이가 힘들 때 손을 내미는 사람이 되어야겠다고 다시 한번 다짐했다.

나는 22년째 동문회장을 맡고 있다. 코로나 시국을 제외하면 20년째 총동문회 사전준비를 맡고 있다. 다른 건 몰라도 이 자리만은 양보하지 않겠다고 선언했다. 콩고물 떨어지는 자리는 아니지만 궂은일, 힘든 일이 있을 때 오지랖 넓은 엄기성이 앞장서기 위해 욕을 먹더라도 하고 싶어했다. 다행히 내 마음처럼 동창들 대부분 단체 카톡방에 있고 경사는 몰라도 조사는 끈끈하게 모여서 챙긴다.

　작년 10월 철원 화강 쉬리마을의 캠프장에서 김화중·고의 총동문회가 열렸다. 명랑운동회, 개막식, 체육대회, 노래방의 사회를 보느라 동분서주하던 차에 감사한 소식을 들었다. 우리 기수가 공로패를 받게 된 것이다. 모교에 대한 사랑과 자부심 하나로 동문 일이라면 앞장섰던 동창들 덕분이었다.

　'부족한 나를 믿어주는 동창들아, 늘 고맙고 사랑한다! 모두가 만족하는 모임은 아니겠지만 힘들고 어려울 때 서로 힘을 실어주는 친구 관계로 지금처럼 지낼 수 있기를 바란다.'

　인생을 살다 보면 궂은날이 올 수 있다. 진정한 인맥은 잘 나갈 때 떠받들어주는 이가 아닌, 곤경에 처했을 때 손을 내미는 것이라고 생각한다. 사람은 이 지구상의 생물체 중 가장 똑똑하지만, 때로 개구리의 지능과 동률을 이룰 때가 있다. 바로 개구리 올챙이 적 시절을 잊는 것이다.

　도움받은 건 잊고 살다가 또 어려워지면 낯 뜨거운 줄 모르고 찾아가 도움을 청하는 사람은 개구리와 다를 바가 없다. 사람을 우산처럼 필요할 때만 이용하고 모른 척해서는 안 된다. 만남을 소중하게 생각하고 인연을 아름답게 가꿔야 한다. 나부터 많이 반성하고 노력할 참이다.

때로 상처받지만
후회 없는 오지라퍼

　스승의 날은 제자들이 선생님께 감사의 마음을 전하는 날이다. 고등학교 시절 반장이었던 나는 어김없이 친구들과 카네이션을 준비하고 도가 지나치지 않을 장난거리도 의논했다. 그런데 그해는 무슨 생각이었는지 학교 앞에서 교통봉사 하는 선생님, 급식실 선생님에게도 감사의 마음을 전하면 좋겠다는 생각이 들었다. 그래서 친구들과 의논해서 그분들께 꽃을 달아 드리기로 했다.

　"하여튼 엄기성 오지랖은 알아줘야 해."

　타박도 있었지만 다들 흔쾌히 동참했다.

　스승의 날 당일 선생님께 꽃을 달아 드리고 "스승의 은혜는 하늘 같아서 우러러볼수록 높아만 지네!" 하고 노래를 열창했다. 그리고 교문 앞과 급식실을 돌며 우릴 위해 애써주시는 분들에게 꽃을 달아 드렸다. 다들 처음 받아 보시는지 굉장히 기뻐하셨다. 그 모습에 감동을 한 건 오히려 우리 쪽이었다. 마음을 전하는 일을 쑥스러워하는 청소년들이었지만, 누가 "야! 우리 잘한 거 같다" 하니까 다들 진심으로 고갤 끄덕였다.

대학 때에도 비슷한 서프라이즈를 했다. 요즘도 허용되는지는 모르겠으나 친구들과 학교 잔디에서 자주 술을 마셨다. 이런저런 얘길 하다 보면 금방 날이 밝았고 다들 약간 술이 오른 채로 잔디밭을 정리했다. 그럼 청소하시는 어머니가 와서 정겹게 한마디 하셨다.

"적당히들 마셔요. 얼른 가서 자요. 여긴 내가 치울게."

그리고 우리가 남긴 쓰레기를 정리해주시는데 감사하고 죄송했다.

마침 감사와 사랑을 전하는 5월이어서 친구 한 명이 교내 미화원을 위한 서프라이즈를 준비하면 어떻겠냐는 의견을 냈다. 그래서 어버이날에 프리허그데이를 하기로 했다. 모두 우리 부모님 연배라 딱 좋을 것 같았다.

당일, 행사에 동참하기로 한 친구들이 청소하시는 분들을 찾아가 꼭 안아드렸다. 그 순간만큼은 서로의 부모님, 자식이 되어 고맙다는 말을 했다. 가슴이 따뜻해져서 온종일 미소가 떠나지 않았던 기억이 난다. 빼빼로데이엔 학생회 자체로 학교에서 일하는 분들께 빼빼로를 선물하기도 했다.

친구들 사이에서 나는 예나 지금이나 오지라퍼다. 오지랖은 한복 겉옷의 옷자락을 뜻한다. 옷의 앞자락이 넓으면 다른 옷을 덮을 수 있다. 그래서 다른 사람 일에 참견하는 것을 빗대어 '오지랖이 넓다'고 표현한다. 자칭 타칭 오지라퍼로서 오지랖이 부정적인 의미가 큰 관용구란 걸 알고 있다. 그러나 오지랖이 늘 나쁜 것만은 아니다. 도움이 필요한 순간 누군가의 관심이 큰 힘이 되기도 하기 때문이다.

가끔 인터넷에서 이런 소식을 들을 때가 있다. 리어카에 폐지를 잔뜩 실은 노인이 횡단보도를 건너다 그만 도로 한복판에 폐지를 쏟아냈다. 도로의 반 이상을 점령한 폐지에 노인은 어쩔 줄 모르고 하나씩 줍기 시작했다. 그사이 신호가 바뀌고 차들이 멈춰 섰다. 그때 노인의 난처한 상황을 본 경찰, 지나가던 시민, 근처 가게 손님과 주인들이 하나둘 달려와 폐지를 주워 담았다. 여러 명이 힘을 합치자 도로를 점령했던 폐지는 순식간에 정리됐다.

화물차가 아슬아슬하게 방향을 틀다가 도로 위에 수백 개의 유리병을 쏟아낸 적도 있다. 유리 파편이 도로를 뒤덮고 순식간에 정체가 발생했다. 화물차 주인이 허겁지겁 손으로 파편을 주었다. 그때 다른 운전자들이 하나둘 차에서 내려 도로를 정리했다. 누가 시키지도 않았는데 척척 차에서 내려 일사불란하게 일손을 도왔다. 경찰이 도착할 때까지 수신호로 교통정리를 하는 사람도 있었다. 일면식도 없는 사람들이 작은 힘을 보탠 덕분에 현장이 빠르게 정리됐다. 나는 이런 영상을 보면 괜히 울컥하며 감동한다. 이게 사람 사는 정이구나 싶어져서.

오지랖은 때로 위기의 순간 한 사람의 목숨을 구하기도 한다. 라디오 프로그램을 진행하는 황금산 PD의 이야기다. 어느 날 방송 중에 의미심장한 메시지가 도착했다.

〈삶이 너무 힘들어요. 생을 마감하면서 듣고 싶습니다. 비지스의 홀리데이 신청합니다.〉

장난 문자라고 여길 수도 있지만 황 PD는 불안한 느낌이 들었다고 한다. 홀리데이란 신청곡이 그렇기도 했고, 마지막이란 말이 마음에 걸렸다. 그래서 문자가 온 번호로 전화를 걸었지만 받지 않았다.

황 PD는 혹시 모른다는 생각으로 경찰에 신고했다. 경찰이 출동하는 15분 동안 청취자는 몇 번 더 홀리데이를 신청하는 문자를 보냈지만, 황 PD는 틀어주지 않고 대화를 시도했다. 그 사이 경찰이 현장에 도착했다. 청취자는 이미 음독을 한 상태였다. 다행히 즉시 병원으로 옮긴 덕분에 목숨을 건질 수 있었다고 한다.

요즘은 개인주의가 심화되어 서로에게 관심이 없고 사는 게 팍팍하다고들 한다. 그런데도 여전히 우리 마음엔 인간애가 남아 있다. 말은 못 해도 도움이 간절했을 누군가를 무심히 지나치지 않고 손을 내민 선량한 오지라퍼들 덕분에 여전히 세상은 살만하다는 생각이 든다.

나도 오지라퍼긴 하지만 그렇다고 또 마냥 선량하진 않다. 가끔 내 행동을 후회하기 때문이다.

최근 아끼던 이와 트러블을 겪고 마음이 안 좋았다. 사람과 사람 사이가 항상 좋을 순 없고 문제를 풀어가며 사는 것이지만, 그의 행동은 그동안의 내 선의를 후회하게 할만한 것이었다. 살면서 뒤통수도 여러 번 맞았지만 믿고 아끼던 사람에게 맞으면 상처가 오래간다. 그와 헤어지고 돌아오는 차 안에서 울었다. 남자 평생 딱 세 번만 울어야 한다는 옛말이 있는데 나에겐 해당되지 않는 말이다. 나는 언제쯤 마음이 단단해질 수 있을까? 아내가 곁에 있었다면 덩치는 산만 한 사람이 왜 이렇게 마음이 여리냐며 한소리 했을 것이다.

사회생활하며 몇 번 상처를 받다 보면 손해 보는 행동을 피하고 싶어진다. 이제 내 몫만 챙기겠다는 마음도 먹게 된다. 내게도 가끔 그런 순간이 온다. 내가 베푸는 걸 당연하게 여기거나, 전혀 고마워하지 않는 상대의 모습을 보면 괜한 짓을 했나 싶다. 누군가에게 줄 땐 받을 걸 기대하지 않아야 한다는 걸 알지만, 성의가 철저히 무시 당하는 상황이 오면 마음이 헛헛해지는 게 사실이다.

그럴 땐 '이제 자신이나 챙기며 살자'와 '그래도 내 소신대로 살자' 두 가지 생각이 공존한다. 잠시 고민하더라도 내 선택은 항상 후자였다. 이런 면은 본인이 조금 덜 먹고 덜 가지더라도 다른 사람들과 함께 웃는 걸 좋아하던 우리 아버지를 닮았다. 하지만 난 아직 사람이 덜되서 가끔 후회의 감정을 느낀다.

"쓸데없이 오지랖이 넓다. 잘난 척하려고 저런다. 네가 뭔데 나서냐. 그런다고 누가 알아주냐."

평생 들어온 말이다. 가끔은 저 말이 맞는 것도 같았지만 결론은 늘 같다.

'남이 알아주든 말든 신경 쓰지 말고 내 소신대로 살자. 그래봤

자 상처가 되는 사람은 열에 한 명이다.'

  나는 주변 사람을 챙기고 베푸는 게 좋다. 귀여운 후배들 밥 한 끼 사주는 것, 친구가 조언을 요청할 때 기꺼이 시간을 할애하는 것, 힘든 일이 있을 때 곁에 있어주는 것, 내 능력을 필요로 하는 일이 있으면 최선을 다하는 것. 모두 억지로 한 게 아닌 진심이었기에 누가 어떻게 받아들이든 후회하지 않으려고 한다. 가끔 오해를 받는 건 내가 아직 부족하기 때문이고, 마음이 아파지는 건 덜 성장했기 때문이다. 상처를 받는 순간이 있더라도 '그럼에도 불구하고'를 외치며 먼저 손을 내밀고 다가서는 오지라퍼이고 싶다.

  이 세상엔 자신이 가진 것을 베풀면서도 보상을 바라지 않는 선한 영향력을 행사하는 사람들이 있다. 나는 부자가 아니라 많이 베풀지 못하지만 내 시간과 미약한 재능이 필요한 곳이 있다면 언제든 도움을 주고 싶다. 어머니는 '뱁새가 황새 따라가다 가랑이가 찢어진다'는 말로 분수에 맞게 살아야 한다는 교훈을 주셨다. 가끔 내 능력보다 마음이 넘치려 할 때면 그 말씀을 다시금 떠올리며 내 분수와 역량에 맞는 일을 하려고 한다.

  만약 내가 돈을 많이 벌어서 지금보다 상황이 좋아진다면 꼭 하고 싶은 것이 있다. 바로 교육 봉사다. 현재는 강원도 지역의 학교에서만 봉사하고 있지만 여력이 되면 전국의 작은 학교를 다니면서 진로 캠프를 열어주고 싶다. 1박 2일 코스로 아이들에게 자신의 꿈에 대해 생각하고 진로를 고민하는 기회를 주고 싶다. 장소는 제주도면 좋겠다. 작은 학교를 빌려서 재미있는 시간을 보내다가 함께 손뼉 짝짝 치고 웃으며 헤어지고 싶다.

옛날엔 꿈도 못 꾸던 일인데 요즘 사업이 조금씩 크다 보니 이런 생각도 하게 된다. 내게 사랑을 베풀어주신 부모님, 기회를 주신 많은 분들이 있었기에 오늘날 내가 이만큼이라도 제 몫을 하며 살아가고 있다. 아직은 부족한 사람이지만 내가 받은 사랑을 자라나는 어린이들에게도 전하고 싶다. 여전히 흔들리고 고민 많은 오지라퍼의 작은 소망이다.

기둥이 되고 싶은
엄기성의 윙맨들

아내는 우리 과 조교이자 정외과 대학원생이었다. 예쁘고 조곤조곤 말도 참 잘했다. 막 편입했을 땐 세살 차이 나는 멋진 누나이자 조교라 감히 다가갈 엄두도 내지 못했다. 그래도 누나를 볼 때는 괜히 어깨를 펴고 목소리도 가다듬곤 했다.

아내는 나를 남자로 봐주지 않았다. 나이도 어리고 가진 것 없고 아직 취업도 못 했으니 그럴 만했다. 그런데 누나 외엔 다른 여자가 눈에 들어오지 않아서 취업한 이후 적극적으로 대시했다. '누난 내 여자니까'를 외치며 열렬히 구애한 끝에 사귈 수 있게 됐다. 가끔 내가 장교가 되지 못한 건 강원대에 내 인연이 기다리고 있었기 때문이 아닌가 싶다.

내 동생이 세상을 떠났을 무렵 공교롭게도 아내의 아버지이자 장인어른도 돌아가셨다. 비슷한 시기 소중한 사람을 잃은 우리는 서로에게 많이 의지했다. 오랜 시간 학교 선후배 사이였던 두 사람은 연애 3개월 만에 평생 함께할 약속을 했다.

아내는 어떨지 모르지만 다음 생에도 그녀와 결혼하고 싶냐고 묻는다면 큰소리로 "Yes"를 외치고 싶다. 엄기성이란 남자를 포함해 내가 가진 건 모두 아내의 것이다. 집, 차, 통장도 아내 명의로 되어 있다. 이혼이라도 당하면 빈털터리기에 아내를 꼭 붙잡고 있으려고 한다.

아내는 세상에서 나를 가장 잘 아는 사람이자 사업 파트너이고 힘들 때 붙들어 주는 든든한 지원군이다. 책을 써도 될까 고민할 때도 적극적으로 도전해 보라고 했다. 아내는 되려 기둥이 되고 싶은 남자 엄기성의 기둥이 되었다.

결혼 후 신혼집은 강원도에 차렸다. 아내와 많은 시간을 보내고 싶었지만 회사 일이 너무나 바빴다. 휴일은 물론 명절 때도 매출을 확인하느라 핸드폰을 손에서 내려놓지 못했다. 강원지사에서 일하다 본사로 발령받았을 땐 강원도와 서울을 오가느라 더욱 시간이 없었다. 아내가 자기와 있을 땐 제발 전화를 꺼놓을 수 없냐고 부탁했을 정도였다. 사랑하는 사람과 많은 시간을 보내고 싶었지만 늘 매출 압박을 받는 터라 밤늦게 퇴근하고 주말에도 출근했다.

워라밸은 무너졌지만 우리는 서로 깊이 사랑했다. 예쁜 아내를 닮은 2세가 빨리 보고 싶었다. 그런데 나는 동생을, 아내는 아버지를 잃은 후 상심이 깊어 몸이 쇠약해진 탓인지 자연임신이 되지 않는 상태였다. 우리는 시험관 아기를 시도했다. 경험해 본 사람은 알겠지만 시험관 시술은 인내와 고통의 연속이다. 아내는 매일 자기 배에 주사를 찔러야 했고 난자를 채취하고 이식하는 과정을 거쳐야 했다. 아내가 고생하는 게 미안해서 자주 눈물이 났다. 나는 포기하고 싶었지만 아내는 모든 일을 의연하게 견뎌냈다. 마침내 5번의 시도 끝에 소중한 아이가 아내의 뱃속에서 무럭무럭 자라기 시작했다.

아내는 예쁜 딸 하은이를 순산했다. 하늘의 축복처럼 나와 아내, 우리 가족을 행복으로 채워준 소중한 아이였다. 힘든 시간을 견뎌내고 아이를 품에 안은 아내는 세상을 다 가진 듯 보였다. 동생이 세상을 떠난 후 얼굴에 늘 그늘이 져있던 아버지는 웃으셨다. 그렇게 환하게 웃는 얼굴은 정말 오랜만에 보았다. 딸의 고생을 곁에서 지켜보신 장모님도 오랜만에 웃으셨다.

이 글을 읽는 분들도 아빠가 되면 내 마음을 이해할 것이다. 종일 아이가 머릿속에서 떠나지 않고 얼굴을 보고 또 봐도 질리지 않고 새롭다. 상황만 허락한다면 몸이 힘든 아내를 도와주고 딸의 성장을 가까이 지켜보고 싶었다. 하지만 나는 너무 바빴다. 휴직을 결심한 건 그 무렵이었다.

휴직계를 모니터에 띄워 놓고 며칠 고민했다. 육아휴직은 남녀 상관없이 쓸 수 있지만 보통 엄마가 썼으니까. 육아휴직을 신청하는 순간 그동안 쌓아 온 공든 탑이 무너질 수 있다는 걸 알았다. 하지만 회사에서 입지를 다지며 더 높이 올라가는 것보다 소중한 가족의 미소가 내겐 더 소중했다. 아이가 성장하는 경이로운 순간을 함께 하고, 지쳐있는 아내를 돌봐주고 싶었다. 내가 회사에 다닌다면 할 수 없는 일들이었다.

결국 휴직을 결심했다. 인생에서 가장 특별한 선물을 받았을 때 가장 위험할 수도 있는 선택을 했다. 1년 후 상황이 어떻게 될지는 모르나 휴직계를 낸 것을 결코 후회하지 않았다. 가만히 놀 수는 없어서 아르바이트를 하면서도 싱글벙글 웃었다. 날 보며 방긋 웃는 딸의 얼굴과 꼬물꼬물한 손을 생각하면 저절로 그렇게 됐다.

딸이 태어나고 정신적인 면에서 많은 부분이 달라졌다. 지난

6년간의 회사 생활을 돌아보고 내가 얻은 것과 놓치고 살아온 건 무엇인지 생각했다. 이전에 소중했던 것들이 아이가 태어나고 보니 크게 소중하지 않았다. 돈, 승진보다 가족과의 시간이 더욱 중요해졌다. 아이에게 존경받는 아빠는 못 되어도 딸이 좋아하는 아빠는 되어야겠다고 생각했다. 소중한 아내를 더욱 아껴주고, 부모님에게도 효도하는 자식이 되고 싶었다. 그래서 복직하고 6개월 만에 사표를 내고 퇴사했다.

구체적인 계획은 없었지만 내 마음대로 회사를 그만둔 건 아니다. 가족들과 더 많은 시간을 보내면서도 내가 좋아할 수 있는, 가치 있는 일을 하고 싶다는 생각에 아내와 깊은 이야기를 나누었고 다행히 내 이야기에 공감하고 용기를 주었다.

"생활비는 나도 벌 테니까 너무 부담 갖지마. 당신은 월요일부터 금요일까지만 출근하고, 너무 늦지 않게 퇴근하는 직업만 가지면 돼."

역시 내가 사람을 잘 봤다니까! 요정같이 여리여리한 여자가 나를 이끌고 안식처가 되어주고 있었.

그래도 아내를 오래 고생시키지 않을 자신은 있었다. 일이 잘 안 되면 튼튼한 몸 가지고 건설현장에라도 나가면 될 일이었다. 대책 없이 대기업을 나와서 교육사업으로 시작한 건 날 믿고 응원하는 아내 덕분이다. 아내는 내 인생 최고의 '윙맨'이다.

스페인의 레알 마드리드는 유럽 명문 축구 구단 중 하나다. 2000년 초반 레알 마드리드는 리그를 제패하기 위해 갈락티코(galactico · 은하수) 전략을 세웠다. 어마어마한 이적료를 지불하며 베컴, 피구, 호나우두, 지단 등 스타 플레이어를 대거 유입해 팀을 결성했다. 요즘으로 치면 어벤져스 같은 조합이라고 할까. 하지만 갈락티코는 이렇다 할 성과를 내지 못하고 10년 만에 막을 내리게 됐다. 그 까닭은 뛰어난 개인이 모였으나 팀워크를 제대로 발휘하지 못한 탓이 컸기 때문이다.

반대로 2002년 대한민국 월드컵을 떠올려 보면, 우리는 약팀이었지만 팀워크를 발휘해 4강 신화를 썼다. 어떻게 이런 일이 가능했을까. 그 답은 윙맨의 존재에 있다.

스포츠는 혼자 하는 경기가 아니다. 대부분의 골은 공격수가 골을 넣을 수 있도록 상대 선수를 수비하고 도움을 주면서 함께 만든다. 스포트라이트는 골을 넣은 선수가 받지만, 거기엔 윙맨의 숨은 공로와 헌신이 있다.

윙맨이란 원래 공군 전투 편대에서 나온 용어다. 윙맨은 전투기들이 편대 비행할 때 우측 날개 쪽에서 약간 뒤처져 따라서 온다. 윙맨의 목표는 적을 격추하는 게 아니다. 선두 전투기를 엄호하고 지원하는 역할을 한다. 윙맨은 선두 비행기가 유능하게 공중전을 펼칠 수 있도록 후방에서 엄호하고 지원하는 역할을 한다. 최근 36년 만에 후속편이 나온 영화 〈탑건 매버릭〉을 보면 윙맨의 역할을 잘 이해할 수 있다.

윙맨은 인간관계의 용어로도 쓰인다. 영화에서 윙맨은 탑건이 절대적으로 믿는 목숨을 지켜주는 사람이듯, 인생에서도 내 곁에서 언제든 나를 도울 준비가 되어 있는 사람이 바로 내 윙맨이다.

도움의 방식은 다양할 것이다. 변함없는 믿음과 지지를 보내주는 것이 될 수도 있고, 내가 미처 보지 못한 위험을 경고할 수도 있다. 앞날이 불투명한 상황에서 명료하게 상황을 읽어주기도 하고, 나를 안전한 길로 안내해주기도 한다. 넘어졌을 땐 일으켜 주고, 위험에 빠져있을 땐 기꺼이 나를 구하기 위해 뛰어든다. 쓴소리가 필요할 땐 충고도 마다하지 않는다.

내 인생에도 이런 윙맨들이 존재한다. 현재 나의 가장 든든한 조력자는 아내다. 이 글을 쓰고 있는 지금은 2023년이 얼마 남지 않은 시기다. 그런데도 기둥교육은 진로캠프, 취업캠프 등 일정이 많이 남아 있었다. 아내는 바쁜 남편과 회사 직원들을 돕기 위해 직접 마트에 가서 간식을 구입해 포장했다. 캠프에 참여하는 학생들에게 나누어줄 작은 선물이었다. 아내와 딸이 식탁 앞아 포장하는 모습이 참 고맙고 예뻤다. 소중한 가족 덕분에 다시 한번 초심으로 돌아갈 수 있었다.

그리고 나의 가장 큰 기둥이신 부모님! 그 외에도 떠오르는 이름들이 참 많다. 그분들이 계셨기에 오늘날 엄기성이 거친 세상과 싸우면서도 격추되지 않고 안전한 비행을 하고 있다는 생각이 든다. 그들이 나의 윙맨이 되었듯 나도 그들의 든든한 윙맨이 되고 싶다.

진심을 다해
가치를 전하는 인생

　돌아보면 엄기성은 늘 사람들 앞에 서 있었다. 어릴 땐 웅변대회에서 우렁차게 원고를 읽는 아이였다. 최연소 축구심판이 된 이후엔 도지사기, 연합회장기 등 총 50회의 걸쳐 심판을 봤다. 성인이 된 후에도 활발하게 대외활동을 했다. 축구 관련 활동도 많이 했다. 결혼식 사회는 지금껏 2,000여 회 봤다.

　강연을 하게 된 건 우연한 기회를 통해서다. 모교인 강원대학교의 선배와의 만남 겸 취업 특강 자리에 연사로 초청받았다. 후배들과의 만남이라 어떤 이야기를 할까 고민이 참 많이 됐던 기억이다. 진솔하게 내 얘기를 들려주고 나를 보면서 희망을 갖게 하자는 생각으로 일명 '3ja' 강의를 했다. '자(ja)존감과 자(ja)신감을 갖고 자(ja)만하지 말자'가 주요 내용이었다.

예상외로 반응이 좋았다. 후배들 앞이라 편하기도 하고 흥도 나서 마지막엔 다 같이 "할 수 있다!"를 외쳤는데 정말 힘을 받은 듯 보였다. 강연 후 함께 사진찍기를 청한 후배들을 격려했다. 선배님 덕분에 용기가 생겼다고 수줍게 인사하는 모습을 보며 오길 참 잘했다고 생각했다.

그 후 한 번의 강의가 소문이 난 모양이다. 강원대를 시작으로 한림대, 부산대, 한양대, 서강대 등 전국 대학에서 취업 강의를 하게 됐다. 회사에 매인 몸이라 늘 초대에 응할 순 없었지만, 시간이 나면 1순위로 달려갔다. 내가 전하고 싶었던 용기와 자신감을 학생들이 전달받은 듯 보였을 때, 내 이야기가 사람들 마음에 울림을 주었을 때 가슴이 벅차올랐다.

'내가 정말 잘할 수 있는 일, 진정성 있는 일, 가치를 전할 수 있는 일을 하자.'

퇴사 후 새로운 일을 모색할 때 화두처럼 한 생각이다. 그것에 꼭 들어맞는 일은 '3ja'처럼 동기부여를 하는 강의 활동이었다. 나는 학생들 앞에 설 때마다 열의에 불타올랐다. 그들이 자기만의 목표를 정해 자신감 있게 행동할 힘을 실어주고, 시련은 있어도 실패는 없다는 걸 알려주고 싶었다. 내 진심이 그들 마음에

닿았을 때 겨우내 얼어 있던 땅에 새싹이 움트는 것처럼 기쁘고 대견했다.

'교육사업을 해보자. 아이들과 청년들이 꿈과 진로를 찾을 수 있도록 동기부여 하는 사람이 되자!'

그렇게 한 번도 생각해본 적 없는 교육사업을 하기로 결심했다. 아내는 내 선택을 믿고 지지했다. 당장 나의 스승님이자 진로취업전문가인 금두환 교수님, 관련 전문가들의 도움을 받아 진로 취업 교육 프로그램을 만드는 일에 돌입했다. 그리고 2018년 7월, 기둥교육이 문을 열었다.

야심 찬 포부와 달리 6개월간 일이 없었다. 기둥교육 프로그램을 인쇄한 팸플릿을 들고 강원도 내 초·중·고교를 찾아다니며 홍보했지만 반응이 시들했다. 인턴 시절 하루 포스터 200장씩 붙이러 다니던 일이 떠올랐다. 불쑥 불안감이 밀려오기도 했지만 좌절하진 않았다. 내 인생의 윙맨 아내가 마음을 편하게 해준 덕도 있고, 내 삶을 돌아봤을 때 이보다 힘든 일은 많았다. 일곱 번 넘어져도 여덟 번 일어나는 칠전팔기의 남자가 바로 나다. 긍정적인 마음으로 준비하면서 기다리면 반드시 기회가 올 것이라고 믿었다.

그해 12월, 교육청에서 강원도 철원 홍보대사 겸 명예교사를 뽑았다. 철원 지역 아이들이 꿈을 키우며 행복하게 성장할 수 있도록 다양한 진로 탐색 기회를 제공하는 마을 공동체 사업이다. 운동선수, 약사, 소방관 등 각 분야의 선생님 50명이 선정됐고, 나는 그중 교육 분야에 선정되었다.

사업으로 연결된 일이 아닌 재능기부였으나 상관없었다. 고향 후배들이 꿈을 키우며 성장하길 바라는 사람으로서, 같은 취지를 가진 사업에 참여할 수 있어서 정말 기뻤다. 선배로서 아이들에게 좋은 말을 해주고 싶어서 강의안을 열심히 다듬었다. 강의는 철원고등학교에 장학사님을 모시고 진행됐다.

고향 아이들 앞에 서니 감회가 새로웠다. 90도로 인사한 후 좌충우돌 엄기성의 이야기를 들려주었다. 내가 아이들 가슴 속에 심어주고 싶은 핵심은 이것이다.

할 수 있다는 자신감,

꿈을 향해 도전하는 용기,

흔들리고 넘어져도 포기하지 않는 마음.

강원도 촌놈이 도전한답시고 이리저리 구르면서 포기하지 않고 살아온 이야기에 학생들은 눈을 반짝였다.

"여러분, 꿈을 목표로 정하세요. 저 같은 놈도 하나씩 이루며 살았습니다. 아무것도 없는 놈이 자신감 하나로 일궈온 삶이니 여러분을 향해 말할 수 있어요. 내가 나를 포기하지 않는 한 시련은 있어도 실패는 없습니다.

물론 압니다. 꿈을 갖고 도전하며 사는 건 쉽지 않아요. 나아가려고 해도 계속 흔들리고 넘어질 수 있습니다. 그런데 그거 아세요? 지금은 여러분이 수월하게 타는 자전거도 처음엔 쉽지 않았다는 것을. 넘어지고 짜증도 내면서 계속 연습하다 보니 어느 날 갑자기 달리게 되었지요? 마치 뒤에서 누군가 밀어주는 것처럼 말입니다. 그게 누구일까요? 그동안 꾸준히 연습해 온 지난날의 '나'입니다. 그런 날들이 쌓이면 여러분이 꿈꾸는 모든 일들이 언젠가 좋은 결실을 맺게 될 것입니다.

혹시 포기하고 싶은 순간, 나는 안 될 것 같다고 여겨지는 순간이 오면 부모님을 생각해보세요. 조손가정도 있을 겁니다. 그땐 할머니 할아버지를 생각하시고요. 잊지 마세요, 내가 가장 초라하게 느껴지는 날에도 여러분은 그분들의 자부심입니다. 또한 여러분 친구의 자부심입니다. 힘들 땐 나를 아끼고 사랑하는 사람들을 기억하고, 때론 손을 잡고 의지하세요. 그러다 보면 힘든 일도 수월하게 느껴집니다.

저 엄기성도 가까이에 있겠습니다. 힘들 땐 저를 찾아오셔도 됩니다. 존경받는 선배까진 아니더라도 여러분이 좋아하고 즐겨 찾는 사람이 되고 싶으니까요. 우리는 또 보게 될 거예요. 소중한 여러분의 앞날을 힘차게 응원합니다."

강의를 마치고 얼마 후 철원교육청에서 전화가 왔다. 장학사님 요청으로 다음 봄 학기에 또 강의를 해달라는 것이었다. 학생들이 내 강의를 듣고 좋았다는 피드백을 많이 한 모양이었다. 한 학부모는 늘 무기력하던 애가 꿈 이야기를 하더라며 엄기성 선생님을 직접 만나고 싶다는 말도 했다고 한다.

'아, 내가 이 일을 업으로 삼기로 한 게 잘한 결정이었구나!'

가슴이 얼마나 뛰었는지 모른다.

그것이 시작이었다. 다른 학교들에서 진로 탐색과 동기부여 강의 요청이 들어 왔고 기둥교육은 차근차근 성장했다. 얼마 전 첫 강의를 할 때 자리에 계셨던 장학사님을 다시 뵈었다. 근황을 물으시더니 감사한 말씀을 해주셨다.

"기성 씨는 잘될 줄 알았어요. 그날 강의에서 진심이 느껴졌거든요."

그 진심을 전하기 위해 6년간 쉼 없이 달려왔다.

이제 기둥교육은 강원도 지역 내에서 제법 많은 일을 진행했다. 6년간 전국 대학 100여 곳, 중고등학교 500여 곳에서 진로캠프와 취업 캠프를 진행했다. 캠프 만족도는 95%에 이른다. 이제 전국에서 캠프를 진행할 만큼 성장했지만 기둥교육의 주 무대는 여전히 강원도다.

나는 강의할 때마다 고향에 대한 자부심과 자신감을 갖고 도전하라고 한다. 그리고 내 이야기가 마음에 와닿았거든 진로부장 선생님이 계신 곳의 문을 두드리라고 한다. 나보다 훨씬 가까이에서 아이들의 진로를 지도해주실 분들이기 때문이다. 내 역할은 아이들이 그 문을 열고 들어가기까지의 과정을 만들어주는 것이다.

내 인맥은 아이들에게 가장 가치 있게 활용되고 있다.
"여러분의 꿈은 무엇인가요?"
물어보면 대답은 십인십색이다. 선생님, 경찰, 운동선수, 아이돌, 유튜버, 작가, 영화배우 등 다양하다. 항상은 못하지만 종종 아이들이 꿈꾸는 직업에 종사하는 사람과 대화할 기회를 갖는다. 그 경험이 아이들로 하여금 꿈을 향해 나아갈 수 있는 열정을 불러 일으키길 바라면서. 신청자를 받으면 나처럼 나서길 좋아하는 아이가 제일 먼저 손을 든다. 수줍어서 말하지 못하는 아이가 있을까 싶어 선생님에게만 살짝 말해달라고 하기도 한다.

영화배우가 되려면 어떤 공부를 해야 하는지 궁금한 아이에겐 배우로 활동하는 지인과 전화를 연결해 주었다. 수의사가 되고 싶다는 아이는 아주 엉뚱한 궁금증이 있었다. 호랑이와 사자의 자식은 라이거라고 하는데, 모든 동물 사이에서 자식이 생길 수 있냐는 것이다. 그 친구를 위해 또 휴대폰을 열어 지인 찬스를 썼다.

내 롤모델이 되는 사람과 얘기하거나, 현장을 직접 경험할 때 꿈은 한층 구체화된다. 강원도의 아이들이 그런 경험을 할 수 있도록 기회의 장을 펼쳐주고 싶다. 가끔 학부모님께 전화를 받는다. 캠프 다녀온 후 아이가 달라졌고, 꿈에 대해 이야기한다는 것이다. 내가 그런 가치를 창조하는 일을 하고 있음을 자각할 때 성과급을 받은 것처럼 기쁘고 마음이 풍요로워진다.

그리 잘난 사람은 아니지만 살면서 확신하게 된 것이 하나 있다. 내가 가치를 전하면 사람들이 모이고 돈도 따른다는 것이다. '이 일이 다른 사람의 삶에 도움이 되는가?' 하는 질문을 먼저 던지고 '사업적으로 성공할 수 있는가?'를 점검해 봐야 한다. 아이들에게 꿈을 찾아주는 일과 진정으로 사랑에 빠졌을 때 나의 사업도 점점 영역이 넓어졌다.

내가 받은 돈 만큼 한다는 생각은 아예 없었다. 딱 돈을 지불한 만큼의 서비스를 제공하는 음식점과 이 가격에 이런 대접을 받아도 되나 싶은 음식을 대접하고 자부심을 가지고 설명하는 가게에서의 경험을 비교해 보자. 후자의 경우 입소문을 내고 싶고 더 자주 찾고 싶어진다.

진심은 어떤 식으로든 전해진다. 살면서 내 전략은 그것뿐이었다. 강의에 임하기 전 항상 손을 모으고 하는 기도.

"아이들에게 할 수 있다는 자신감, 도전할 수 있는 용기를 전할 수 있게 해주세요."

이런 마음으로 강연에 임할 때 서로의 마음이 통했고, 그게 지금껏 나를 이 자리에 있게 한다.

포항으로 가는 길에 초등학교 때부터 내 강연을 5번 들었던 친구에게 카톡이 하나 와 있었다. 강의 평가를 통해 학교에서 매년 초청해주신 덕분이었다. 그 학생의 메시지를 보고 흐뭇하게 웃었다.

선생님! 제가 강의를 여러 번 들었잖아요? 그래서 '또 똑같

은 내용이겠구나' 생각하면 늘 다른 얘기를 해주시더라고요. 너무 재밌어요! 이런 강의에서 졸지 않은 건 처음이에요. 선생님 인생 이야기 들으며 저도 그런 사람이 되고 싶다고 생각했습니다. 고민도 걱정도 많은데 앞으로 걸어 나갈 힘을 주셔서 감사합니다.

팔불출 같지만 학생들로부터 받은 소중한 메시지를 몇 개 더 소개하고 싶다. 가끔 힘들고 지칠 때 읽어보면 에너지가 솟아나고 더욱 노력해야겠다는 생각을 하게 된다.

귀에 쏙쏙 들어오는 친절한 강의 감사 드려요. 저희를 '명품'이라고 비유하며 자신감과 자존감을 기를 수 있게 해주신 점도 감사합니다. 제가 아직 자신감이 많이 부족해서 앞에 나서진 못하지만, 다음에 다시 뵙게 된다면 제 의견을 더 당당하고 자신감 있게 밝히겠습니다.

기존의 부정적인 사고방식과 웅크려 있던 나 자신을 깨우는 명강의였습니다. 선생님의 말씀을 가슴에 새겨 내가 진정 원하는 일과 내 미래의 모습을 진지하게 고민해보겠습니다. 또한

> 교내 마련된 양질의 시스템을 최대한 잘 활용하며, 인성 역시 가벼이 하지 않는 자신을 만들어가겠습니다. 다시 한번 감사 드립니다.

학생들의 메시지도 그렇지만 내 강연을 듣고 학생들이 상담실 문을 두드렸다며 진로부장 선생님으로부터 감사의 연락을 받을 때도 말할 수 없이 기쁘다.

사실 이 글을 쓰는 오늘은 3년간 함께 노력한 조카가 희망 대학 3곳에 모두 합격하고, 강의를 들었던 초등학생, 5년째 초청받고 있는 학교의 진로부장 선생님으로부터 감사의 인사를 받아서 마음이 약간 들뜬 상태다. 진심을 다해 가치를 전하는 일을 하고 있음에 감사한다. 그래도 오늘까지만 기뻐하고 축하하며 다시 겸손한 처음의 마음가짐으로 돌아가려 한다.

PART 4.

당신의 친구, 동료가 되고 싶은 남자

실패의 달인이 전하는 진심
1승이 간절한 그대에게

멀리 가려면
함께 가라

내겐 좋은 친구들이 많다. 이 자리에서 그 이름을 하나하나 열거하지 못해 아쉬울 뿐이다. 앞서 사막에서 길이 아닌 하늘의 별을 보고 걸어야 하는 이유를 알려준 친구 이름은 박승현이다. 이 친구의 존재는 세상의 유명한 짝꿍을 통해 설명하고 싶다.

스포츠계를 보면 박지성과 이영표, 황선홍과 홍명보, 히딩크와 박항서가 있다. 기업 쪽을 보면 마이크로소프트의 빌 게이츠와 폴 앨런이, 애플엔 스티브 잡스와 팀 쿡이 있다. 모두 서로에게 꼭 필요한 동료이자 친구, 라이벌이다. 그리고 김화중학교엔 엄기성과 박승현이 있었다. 우리도 유명인들 사이에 살짝 끼어 보았다.

승현이는 다리가 불편한 친구다. 처음 승현이를 보고 한 생각은 '쟨 뭘까?'였다. 다리가 불편한데 기죽지 않고 일부러 저러나 싶을 만큼 유쾌했으며, 공부도 잘하고 말도 잘했다. 나도 모르게 존경하는 마음을 품게 된 친구다. 승현이는 날 보고 이런 생각을 했다고 한다. '공부는 별로 못하는데 자신감 넘치고 궂은일을 도맡아 하려는 게 신기했다고.'

서로를 딱 알아본 엄기성과 박승현은 반장 부반장이자 쿵 하면 짝 하는 친구가 되었다. 우린 서로에게 부족한 걸 가지고 있었다. 전교 1등을 도맡아 한 승현이는 내 머리가 되어주었고, 큰 목소리에 실행력 갑의 엄기성은 친구의 발이 되었다. 우린 중학교 때부터 지금까지 서로의 동료가 되어 함께 나아갔다.

승현이는 지금도 날 만나면 손을 잡고 기도해 준다. 그리고 힘든 일이 있을 때 부모님처럼 격려하고 용기를 불어넣어 준다. 승현이처럼 격려가 필요할 땐 격려를, 등을 밀어줘야 할 땐 등을 밀어준 동료들이 있어 내가 무사히 이 자리까지 올 수 있었다고 생각한다.

아프리카 속담에 '빨리 가려면 혼자 가고 멀리 가려면 함께 가라'는 말이 있다. 서로의 동료가 되어 힘을 합칠 때 혼자선 할 수 없었던 일들을 해낸다는 의미다. 이러한 여정을 가장 잘 보여주는 것이 기러기의 비행이다.

기러기는 우리나라의 대표적인 겨울 철새다. 가을에 한국을 찾아와 겨울을 나고, 이듬해 봄에 다시 북쪽으로 날아간다. 각자 비행하는 것이 아닌 무리를 이루어 수천 킬로미터를 함께 이동한다.

머나먼 여행을 하기 위해 기러기들은 리더를 중심으로 'V'자 대형을 이룬다. 이렇게 하면 앞서 나는 기러기의 날갯짓이 기류를 형성해 따라오는 기러기들을 보다 쉽게 날 수 있게 해준다. 그래서 혼자 날 때보다 71%는 더 멀리 날아간다.

이동하는 동안 기러기들은 끊임없이 울음소릴 낸다. 날갯짓만으로도 벅찰 텐데 왜 울까 싶지만 여기엔 두가지 이유가 있다.

첫째, 가장 선두에서 거센 바람을 가르며 힘들게 날아가는 리더를 응원하기 위함이다.

둘째, 내가 잘 따라가고 있다는 걸 다른 기러기들에게 알려주는 것이다.

기러기의 비행에서 리더가 한 마리가 아니라는 점도 흥미롭다. 대형의 선두에 서면 날카로운 추위와 바람의 저항을 그대로 받기에 지칠 수 있다. 그래서 리더가 힘이 빠지면 뒤따르던 무리 중 힘센 기러기가 선두에 선다.

수천 킬로의 비행에선 예기치 않은 사고가 날 수 있다. 총에 맞거나 다른 철새의 공격을 받을 수 있고, 날개에 힘이 빠져 뒤처질 수도 있다. 이탈하는 새가 생기면 무리 중 두 마리가 동반 하강한다. 그리고 동료가 원기를 회복할 때까지 기다렸다가 다시 대형에 합류한다. 이렇게 기러기들은 함께 모진 바람과 싸우고 서로를 보호하며 목적지까지 동행한다.

인간은 쉽게 동물을 저보다 보잘것없는 미물(微物)이라 여기지만 기러기의 비행은 우리에게 신선한 감동과 교훈을 준다. 서로 도와가며 안전하게 목적지까지 날아가는 기러기의 리더십, 협동심, 동료애는 각자도생하며 점점 파편화되어가는 우리들이 한 번쯤 생각해봐야 할 사례이지 않을까.

요즘 아이들은 친구들과 뭔가 같이 하는 걸 어려워하기도 한다. 혼자 빨리하면 되는데 왜 다른 친구들을 기다려야 하는지 묻는다. 핵가족화로 형제가 없는 아이들이 늘어나고 코로나로 비대면 문화가 확산되면서 함께 보단 혼자가 익숙해진 탓도 있을 것이다. 그런데 어울리도록 유도하면 함께 참여하는 것이 얼마나 재밌는지를 배우게 된다. 그동안 기회가 없었을 뿐이다.

우리 사회에서 함께라는 가치가 점점 퇴색하는 것은 경쟁이

과도한 탓이 크다. 서로를 스펙이란 잣대로 평가하고, 바늘구멍 같은 입시와 취업의 문을 통과하다 보니 내 옆 사람을 경쟁자로만 여긴다. 이런 상황에서 서로를 동료로 여기고 협동하라는 건 순진한 구호처럼 들릴 수 있다.

물론 입시와 취업은 내 인생의 방향을 가르는 중요한 일이다. 룰에 맞게 경쟁하고 자기 몫을 지키는 것은 살면서 꼭 필요한 일이다. 그러나 지나친 경쟁심과 나 혼자 빨리 가려는 욕심이 삶을 살아가는 태도가 되어선 곤란하다.

그토록 원하던 목적지에 도착했는데 기쁨을 나눌 사람이 없다면? 지치고 힘들 때 손잡아 줄 사람이 없다면? 그게 성공한 인생, 살만한 인생이라고 할 수 있을지 모르겠다. 우리에겐 삶의 여정을 함께 할 존재가 필요하다. 기러기는 이동할 때 각자이지만 한 몸처럼 나아간다. 그 덕에 혼자서는 불가능할 수천 킬로미터를 이동할 수 있다. 인간도 혼자서는 살 수 없다. 사람 인(人)만 봐도 서로 기대고 의지하고 있는 모양이 아닌가. 함께할 때 당장은 느릴지 몰라도 외롭지 않게 더 멀리 나아갈 수 있다.

우리 아이들, 청년의 미래를 준비하는 사람으로서 똑똑한 개인이 지식을 독식하고 지배하던 시대는 끝났다고 생각한다. 챗GPT 같은 인공지능의 등장으로 전통적인 지식습득의 방식이 무의미해졌다. AI가 인간의 생활 가까이에서 활용되고, 모든 정보가 연결되는 4차 산업혁명 시대엔 오히려 가장 인간적인 능력이 필요해진다. AI는 흉내 낼 수 없고 오직 인간만 가질 수 있는 역지사지하고, 공감하고 소통하며, 협동하는 능력 말이다.

학생회 시절이야기다. 매년 학생들이 입학하면 등록금을 내는데 거기엔 학생회비가 포함되어 있다. 학생회비는 학우들의 복지와 편의 등을 향상시키고 각종 행사와 과별 운영 비용 등에 사용되어, 총학생회와 단과대학에 일정 비율로 배분된다.

총학생회는 이 비용을 축제, 교류전, 해외 탐방 등에 비용을 집행하고, 각 단과대학들은 체육대회, MT, 각종 과 행사 등에 사용한다. 그런데 매년 이 비용 배분을 두고 학생회와 각 단과대학이 진통을 겪어 왔다. 한정된 예산 안에서 서로 더 많은 금액을 가져가려고 하기 때문이다.

학생회장의 입장에서 학생회가 많은 금액을 가져가면 비용을 자유롭게 쓸 수 있다. 그러나 이쪽에서 많이 가져간 탓에 다른 단과대학이 곤란한 사정을 겪는다면 마음이 편치 않은 일이다. 또한 각 단과대학은 학생의 숫자와 필요한 금액의 수준이 다르다. 1000명이 있는 단과대와 2000명이 있는 단과대가 같은 금액의 비용을 지급받는다면 불공평한 일이 될 것이다.

총학생회는 이 문제를 소통을 통해 현명하게 해결하고자 각 단대장들을 모았다. 그리고 대화를 통해 필요한 금액을 협의하자고 했다. 나는 총학생회에서 가장 적은 비용을 가져가도 되니 우리 학교를 위해 고민하고 공정하게 비용을 나눠 달라 부탁하고 자릴 비웠다.

솔직히 100% 확신을 가지고 시도한 일은 아니었다. 다만 우리가 서로의 상황을 솔직하게 털어놓고 역지사지하며 공감하면 과거보다 나은 결론을 내릴 수도 있겠다고 생각했다. '망해도 지난해와 비슷하겠지' 하고 마음을 내려놓고 시도 자체에 의의를 두기도 했다.

잠시 후 회의실로 들어가서 각 단대장들이 단과 별로 필요한 금액을 나눈 것을 보고 용기내 말해보길 잘했다고 생각했다. 단대장들은 작년보다 2%나 많은 금액을 총학생회에 배분하는 것에 동의했다. 우리가 추진하는 사업이 좀 있었는데, 거기에 필요한 금액을 고려해준 것이다. 또한 각 단과대학의 인원과 사정 등을 고려해 풍족한 단과가 부족한 대학에 금액을 조금씩 양보했다.

비슷한 경우로, 강원대와 한림대의 연례행사인 '강한전' 때의 일이다. 축구, 농구 등 각종 경기를 하는 교류전이자 축제다. 같은 강원도 지역 학교의 교류전이라 연고전처럼 라이벌 의식이 팽팽하다.

이 강한전의 비용은 시에서 지원을 받고, 강원대와 한림대가 나눠서 집행한다. 한림대 총학생회장을 만났는데 강수를 던졌다. 비용을 5대 5로 나누자는 것이었다. 잠시 생각하다가 일단 그러자고 했다. 그 일로 학생회가 난리가 났다. 당시 강원대 학생 수는 1만 5천 명, 한림대는 8천 명이었기 때문이다. 반씩 나누면 우리 쪽 비용이 부족한 상황이 된다.

그런 선택을 한 데에는 이유가 있었다. 한림대 대표가 예의 바르고 합리적인, 믿을 수 있는 사람이란 인상을 풍겼기 때문이다. 한림대 총학생회장도 학교를 대표해서 나왔기에 손해 볼 수 없다는 입장이었을 것이다. 내가 흔쾌히 5대 5를 받아들이자 적잖이 놀라는 듯도 했다. 예상대로 며칠 뒤 그 친구가 만남을 청했다. 생각해보니 이건 아니라는 판단이 들었다는 것이다. 우리는 두 대학이 즐겁게 교류전을 치를 수 있도록 서로 납득할 수 있는 비율로 비용을 재산정했다.

그 일을 계기로 끈끈한 사이가 된 한림대 총학생회장의 결혼식장은 강원대와 한림대 통합의 장이었다. 주례는 한림대 총장님이 보시고, 결혼식 사회는 강원대 총학생회장이었던 내가 보았다.

소통과 대화를 통해 학생회비를 합리적으로 배분하고 강한전 비용 집행한 경험은, 역지사지하고 배려하면 이해관계가 팽팽할 때도 원만한 협의에 이를 수 있음을 알게 해주었다. 그리고 그때의 경험은 훗날 나의 일 진행방식에도 큰 영향을 미쳤다.

살다 보면 다른 사람들과 파이를 나눠야 할 때가 있다. 그런데 파이 한 판을 공평하게 나누기란 생각보다 어렵다. 구성원이 함께 어떻게 나눌 것인가를 결정해야 한다. 칼을 쥔 한 사람이 모든 것을 결정하면 반드시 억울한 사람이 생기기 마련이다.

언젠가 캠프에서 아이들과 케이크를 나누어 먹을 때 공평하게 나누는 방법에 대해 이야기를 나누었다. 누군 큰 조각을 가져가고 누군 작은 조각을 가져가는 일로 마음 상하지 않길 바라는 마음에서다. 사실 나는 공평한 파이를 나누는 우화를 들려줄 참이었다. 그 전에 먼저 아이들에게 어떻게 하면 좋을지 물어보았더니, 한 여자아이가 자기 의견을 말했다.

"케이크는 한 사람이 자르고 가져갈 때 순서는 제비뽑기로 정하는 거예요."

그 아이 말대로 해보았다. 케이크를 가져가는 순서가 미리 정해져 있었다면 1번이 가장 큰 조각을 얻을 것이다. 그런데 내 순서가 처음일지 마지막일지 알 수 없는 상황에선 칼을 쥔 사람이 케이크를 공평하게 자르는지 모두 함께 지켜보게 된다.

"먼저 4등분으로 나누고 또 나누면 정확히 8개 나와."

"처음부터 칼을 잘 맞춰야 해."

아이들은 옹기종기 모여서 공평하게 나눌 방법을 고민했다. 그리고 모두 만족스럽게 한 조각씩 나누어 먹었다. 한 아이의 지혜 덕분에 공정함이 무엇인지 체험한 소중한 시간이었다.

세상살이가 각박하고 개인주의와 이기주의가 팽배해질수록 서로 공감하고 소통하는 힘이 필요하다는 생각을 한다. 내 욕심만 부리지 않고 상대의 입장을 헤아리고, 지혜를 공유하며, 지칠 때 서로 다독인다면 어려운 일도 슬기롭게 극복할 수 있다. 작은 몸으로 수천 킬로미터를 함께 날아가는 기러기들처럼 말이다.

친애하는
나의 '에드윈 스탠턴'에게

어느 날 대학 후배라는 사람에게 전화가 걸려 왔다. 정치외교학과의 까마득한 후배인데 내 연락처를 수소문했다고 한다. 후배는 곧 출간할 책에 나를 인터뷰이로 선정했다며 만남을 청했다. 만나는 자리에서 후배는 학교생활이 어땠는지, 힘들 땐 어떤 식으로 극복하는지 등 내 인생과 삶의 자세에 대해 상세하게 물었다. 나도 언변이 그리 나쁘지 않다고 생각하며 살았는데 그 친구의 대화 솜씨가 좋아서 저절로 집중되고 깊은 이야기가 끌려 나왔다. 후배와 밥 한 끼 먹을 요량으로 가볍게 나간 걸 반성하며 다시 한번 겸손해야겠다고 생각했다.

공식 인터뷰가 끝나고 사는 이야기를 하는데 갑자기 정치인이 될 생각이 없냐는 질문을 받았다. 후배는 내가 편입할 때 합격하고 싶은 마음에 강원대 출신 도지사가 되어보겠다고 호기롭게 말한 걸 알고 있었다. 정치외교학과 출신이니 생각을 안 해본 건 아니지만, 당장 대답하기 어려운 질문이라 좀 망설였다.

"선거는 인기투표가 아니잖아. 여기저기서 공격받을 생각하니 벌써 무섭다."

"에이, 그거 다 견딜 준비 되셨잖아요. 저 형 존경해요. 형이 제 롤모델이에요"

고마운 말이지만 나는 존경받기보단 좋아하는 선배, 형이 되고 싶은 사람이다. 보잘것없는 내가 존경의 자리에 올려진 것이 새삼 무겁게 다가왔다고 할까.

얼마 후 그 후배가 책을 냈다는 소식을 들었다. SNS를 통해 근황을 보니 여기저기 강연도 다니는 듯하다. 나보다 모든 면에서 훌륭한 후배가 잘되길 바라는 마음이다.

후배의 말이 무거웠던 또 다른 이유는, 내가 다른 사람의 공격을 견딜 준비가 된 사람이 아니기 때문이다. 후배는 날 오해하고 있었다. 강철멘탈처럼 보이지만 희로애락이 잘 드러나는 편이고, 특히 기분 나쁜 일이 있으면 티가 난다. 이렇게 약한 멘탈로 어떻게 사람들 틈바구니에서 부대끼는지 스스로도 놀랄 때가 많다. 사람을 좋아해서 사람에게 힘을 얻기도 하지만, 반작용처럼 상처받는 일도 많기 때문이다.

부족한 점이 많은 사람이다 보니 안 좋은 소리를 듣기도 한다. 잘못은 반성하고 사과하면 되는 일이라 괜찮다. 나는 성격상 누가 나를 오해하거나 서운한 마음을 품는 걸 견디지 못해서, 그런 상황이 생기면 일일이 쫓아다니며 오해를 풀려고 한다. 이것도 일종의 집착인 듯싶다.

나를 가장 힘들게 하는 건 사실과 다른 비방이나 모함이다. 이런 소리 들을 줄 알았더라면 내 이익만 챙길 걸, 너무 편하게 대해 주지 말 걸 하고 후회했다. 그런 후엔 난 아직 한참 부족한 사람이란 자괴감이 밀려 왔다.

그러다 결국 인정하게 된 것은 모두를 내 편으로 만들 수는 없다는 것이다. 내가 노력해도 깎아내리고 반대하는 사람이 있다. 그래서 날 이유 없이 싫어하는 사람을 만나면, 세상의 반은 나를 좋아하지 않을 수도 있다고 생각하기로 했다. 지난 대통령 선거만 돌아봐도 그렇다. 문재인 대 박근혜, 이재명 대 윤석열 대통령 선거를 보면 근소한 차이로 승패가 결정되었다. 대통령도 국민의 절반가량의 지지를 받기 어려운데, 내가 뭐라고 모두가 날 좋아하길 바란단 말인가. 그렇게 마음먹자 날 싫어하는 사람을 대할 때 어느 정도 담담해질 수 있었다.

그렇다고 나를 좋아하지 않는 사람과 소통을 포기하거나 단절하겠다는 뜻은 아니다. 때로 포기해야 하는 관계도 있고, 내 노력이 통하지 않는 관계도 있다는 걸 기억하면서 할 수 있는 일을 하면서 살려고 한다. 그렇게 살아온 덕분에 나를 싫어하거나 라이벌 관계에 있었던 사람들과 친구가 되기도 했고, 어려운 협상에서 서로 만족할만한 결과를 얻기도 했다.

내가 험담으로 힘들어할 때 어느 선배님이 "험담은 시기에서 나오고 그건 네가 잘 살고 있다는 방증이야"란 말씀을 해주셨다. "명품은 늘 진위 논란이 있지만 짝퉁은 없지 않으냐"면서. 또 존경하는 한 선생님은 링컨 관용의 리더십에 대해 들려주기도 하셨다. 그는 내가 힘들어할 때마다 늘 화두 같은 이야기를 들려주시고 자신을 돌아보게 하는 분이시다.

에이브러햄 링컨은 미국인이 가장 존경하는 대통령이자, 전 세계에서 가장 뛰어난 지도자 중 한 명으로 꼽힌다. 그런 링컨에겐 사사건건 그를 못살게 구는 에드윈 스탠턴이란 인물이 있었다. 스탠턴은 링컨이 변호사 시절부터 얼간이, 시골뜨기라고 모욕했고 노골적으로 외모를 비하하기도 했다. 링컨도 마음이 괴로웠는지 매일 하나님께 그를 미워하지 않게 해달라고 기도했을 정도라고 한다.

링컨이 미국 대통령이 되었을 때 스탠턴은 지은 죄가 있는 탓에 자기의 앞날은 끝났다고 생각했다. 그런데 링컨은 참모들의 반대에도 불구하고 스탠턴을 국방부 장관으로 임명했다. 링컨의 이유는 간단했다. 스탠턴이 그 분야의 전문가이며 능력이 충분하기 때문이었다.

스탠턴은 링컨의 포용력에 크게 감탄하여 그의 오른팔이 되어 뛰어난 활약을 했다. 1865년 링컨이 암살당했을 때 가장 비통해 했던 인물도 스탠턴 국방장관이었다. 이 일화는 원수까지 자신의 사람으로 만든 탁월한 포용력의 힘에 대해 말할 때 자주 회자된다.

살다 보면 에드윈 스탠턴 같은 사람을 만나게 될 수 있다. 그때 나의 스탠턴을 어떻게 대해야 할까? 링컨을 보면 나를 모욕한 사람, 원수는 힘으로 처단하는 것이 아닌 포용력으로 감싸 녹여 버리는 게 정답인 것 같다. 말이야 쉽지 절대 따라 하기 어려운 대응방식이다. 얼마나 대단한 내공을 쌓아야 링컨처럼 사랑에 넘치는 통쾌한 한 방을 날릴 수 있을까.

동시에 나도 험담을 조심해야겠다는 생각을 한다. 험담과 비방은 누군가를 시기하는 마음에서 출발한다. 요즘은 누구나 자유롭게 자기 의견을 표현하는 시대다. 그런데 그 의견이 타인의 단점을 들추고 이유 없이 비난하는 형태로 나타나는 경우가 많다. 스탠턴이 링컨을 향해 얼간이, 시골뜨기라고 말한 것도 모자라 "고릴라를 보고 싶다면 동물원에 갈 게 아니라 링컨을 보라"라고 외모를 비하는 무례한 말을 서슴지 않았던 것처럼 말이다.

　요즘은 비난과 혐오가 난무하는 시대다. 그런 말이나 글들을 살펴보면 대부분 정확한 출처나 근거가 없다. 남의 흠을 찾고 깎아내리면서 나에게 남는 것이 무엇일까. 무언가 잘못 돌아갈 때 냉철한 비평을 하는 것은 꼭 필요한 일이다. 그런데 나와 관련 없는 사람을 끌어 내리면 내가 우월해질 것이란 착각은 하지 말아야 한다. 가장 소중한 재산인 시간을, 타인을 흠잡는데 쓰는 건 바보짓이다.

　근거 없는 질투와 비난을 견디지 못해 스스로 생을 마감한 연예인의 이야기를 쉽게 보아 넘기지 말자. 타인의 가슴에 상처를 남겨선 안 된다. 그 말이 언젠가 내 가슴에 화살로 꽂히게 될지도 모를 일이다. 인생은 짧기에 내 삶에만 집중하며 건설적이고 긍정적인 말을 하는 편이 낫다.

수많은 SNS 친구들이 주는 유익 중 하나는 좋은 글과 이야기를 접할 수 있게 된다는 것이다. 세상의 반은 나를 좋아하지 않을 수 있다는 걸 기억하며 살겠다고 해놓고도, 그 반과 친구가 되고 싶은 마음을 포기하지 못한 엄기성에 딱 맞는 이야기였다. 바로 적을 친구로 만드는 '벤 프랭클린의 효과'이다.

벤저민 프랭클린은 피뢰침을 개발한 과학자지만 미국 독립 아버지 중 하나로 추앙받는 정치인으로 더욱 유명하다. 정적을 갖는 것은 정치인의 숙명인가. 프랭클린 역시 그에게 적의를 품은 다른 의원 때문에 곤란한 상황이 생겼다. 상대의 마음을 누그러뜨릴 방법을 고민하던 프랭클린은, 그 의원이 희귀한 책을 한 권 가지고 있다는 걸 알게 되었다. 그리고 아무도 예상하지 못한 방식으로 적을 친구로 만들었다. 며칠간 그 책을 빌려줄 수 있겠냐고 부탁한 것이다. 그 의원은 좀 당황스러워하면서도 흔쾌히 책을 빌려주었다. 프랭클린은 한 주 뒤 책에 감사의 말을 전하는 쪽지를 끼워 돌려주었다.

얼마 후 두 사람은 주의회 의사당에서 만났는데, 프랭클린이 훗날 회고한 바에 따르면 그 의원은 처음으로 매우 정중하게 말을 걸었다. 그리고 두 사람은 가까운 친구가 되었다고 한다. 내게 호의를 베푼 사람보다 내가 호의를 베푼 사람에게 더 호감을 느낀다니 신기한 일이다. 프랭클린 자서전의 일화를 통해 이런 현상에 '벤 프랭클린 효과'라는 이름이 붙여졌다.

돌아보면 나도 비슷한 경험이 있다. 학생회 시절 특정 목적의 동아리를 설립하게 해달라고 무리한 요구를 하던 학생이 있었다. 그건 내 호불호의 문제가 아니라 학교 규칙에 의해서도 허용할 수 없는 건이었다. 그는 내가 월권을 휘두른다며 나를 욕하기 시작했다. 당황스러운 상황이었다.

그 학생이 나에 대해 안 좋은 감정을 품고 있어서 이 상황을 어떻게 풀어가야 하나 고민했다. 방법을 고민하다가 만남을 요청했다. 그리고 허가될 수 없는 상황을 상세하게 설명한 후, 혹시 다른 학교 행사의 준비위원으로 도움을 줄 수 있는지 물었다. 마침 그 자리가 비어 있기도 했고, 그가 꽤 추진력 있는 사람이란 것도 알고 있었기 때문이다.

그 학생은 잠시 고민하더니 내 청을 수락했다. 나는 어려운 일을 맡아주어 고맙다고 내내 고마움을 표시했다. 불편한 사이에서 도움을 주고받는 사이로 발전한 것이다. 훗날 그 친구의 결혼식 사회도 내가 봤다.

링컨의 포용의 리더십도 그렇지만 벤 프랭클린 효과는 사람의 마음, 심지어 적의 마음까지도 얻는 방법이 무엇인지 알려준다.

전략을 세우는 것보다 더 효과적으로 상대의 마음을 돌리는 건 상대를 미워하지 않고 먼저 손을 내미는 것이다. 이솝우화 속 해님과 바람의 내기처럼, 결국 나그네의 외투를 벗기는 건 따스함이다. 적이라고 여겼던 이에게 작은 부탁을 하고 그것을 핑계로 고마운 마음을 전하고 칭찬도 할 수 있다면 인간관계가 한결 평화로워질 것이다.

'잘 되면 네 탓,
잘못되면 내 탓'

사람에겐 기묘한 심리가 있다. 어떤 일의 성공에 기여한 자신의 공은 대단하게 여기지만, 실패는 남 탓이고 그로 인한 책임을 하찮게 여긴다.

그런 예는 일상에서 흔하게 찾을 수 있다. 회사에서 팀 단위로 프로젝트가 성공하면 그 공을 누가 차지할 것인가가 중요해진다. 상사 입장에선 리더가 잘 이끈 덕이라 여기고 공을 낚아채지만, 뼈 빠지게 고생한 부하 직원들 입장에선 맥 빠지고 억울할 것이다. 그런데 반대로 실패했을 때에도 상사는 같은 선택을 할까? 부하 직원을 문책하지 않고 모든 책임은 나에게 있다고 말할 수 있을지 의문이다.

조별과제나 운동경기를 할 때도 그렇다. 과제에서 A를 받거나 경기에서 이기면 은근히 자기가 결정적인 기여를 한 덕분이라고 여긴다. 반대로 일이 잘 안 되면 다른 사람이 실수한 탓이라고 생각한다. 막상 당해보면 얄밉고 화나는 일이다. 쉽게 말해 '내로남불', '내가 하면 로맨스 남이 하면 불륜'이다.

우리의 뇌는 모든 인식과 행동을 자기에게 유리한 방향으로 왜곡하는 경향이 있다고 한다. 심리학자들은 성공의 공은 실제보다 훨씬 크게, 실패에 대한 책임은 가볍게 여기는 심리 기전은 사회적 인정 욕구에서 비롯된다고 말한다. 그래야만 자아 존중감이 높아지고 내 생존에 유리하기 때문이다.

그런데 성공은 내 탓, 실패는 네 탓이라고 여기는 '자기 위주 편향'은 인간관계에서 부정적인 영향을 미친다. 상황을 객관적으로 인식하지 못하고 모든 일을 자기 유리한 대로 해석하면 다른 사람과의 협력과 소통에 어려움을 겪을 수 있다. 우리는 흔히 어떤 문제가 생기면 그 원인을 먼저 자신에게서 찾는 게 아니라 외부에서 찾는다. 역지사지의 자세로 원인을 찾고 대화로 문제를 풀어나가기보다는, 너무 쉽게 다른 이에게 책임을 전가한다. 아무리 이것이 인간의 본능이라지만 극복하기 위한 노력은 꼭 필요하다.

폴 베어 브라이언트는 미국 앨라배마 대학교의 미식축구 코치다. 그는 일이 잘못되면 '내 탓'이고, 그저 그럴 땐 '우리가 한 일'이며, 일이 잘되었을 땐 '여러분 덕분'이라고 했다. 그는 이러한 태도가 미식축구에서 승리를 거두는데 중요한 요소라고 말한다. 그가 자신의 선수들과 미식축구 팬에게 존경받을 수 있었던 것은 '책임은 내가 지고 영광은 함께 고생한 이들에게 돌리는 바람직한 리더의 모습'을 갖추었기 때문이다.

배우 황정민의 수상 소감도 비슷한 맥락이다. 황정민은 〈너는 내 운명〉이란 영화로 2005년 청룡영화상에서 생애 첫 남우주연상을 받았다. 황정민의 수상이 화제가 된 건 수상 소감 덕분이었다.

"저는 스태프들이 차려준 밥상에 숟가락만 얹었습니다."

그 말이 참 따뜻하게 느껴져서 인터넷에서 수상 소감 영상을 찾아보았다. 그런데 '숟가락만 얹었다'는 소감은 기자의 요약이었다. 이 말이 가진 부정적인 뜻 때문일까. 일부에선 황정민이 아무것도 하지 않고 남의 밥상에 숟가락을 얹은 의미로 받아들여 잠깐 논란이 일기도 했었다.

영상에서 그는 먼저 같이 연기한 상대 배우 전도연에게 진심 어린 말을 전했다. "도연아, 너랑 같이 연기하게 된 건 나한테 정말 기적 같은 일이었어. 고마워." 그리고 자신을 일개 배우 나부랭이라고 겸손하게 낮추며 그 이유를 이렇게 말했다.

"60명 정도 되는 스태프와 배우들이 이렇게 멋진 밥상을 차려놔요. 그럼 저는 맛있게 먹기만 하면 되거든요. 그런데 스포트라이트는 제가 다 받아요. 그게 너무 죄송스러워요."

당연히 그는 주연배우로서 밥상을 받기만 한 사람은 아니었을 것이다. 그런데도 모든 공을 보이지 않는 곳에서 고생한 스태프들에게 돌렸다. 그의 수상 소감이 20년 가까이 지난 지금도 회자되는 것은 공을 다른 사람에게 돌리는 겸손함, 따스한 인간미 덕분이지 않을까?

그들과 비교될 순 없지만 나도 '잘되면 네 탓, 잘못되면 내 탓'의 자세로 살아가려고 노력하고 있다. 일이란 것은 매번 결과를 장담할 수 없다. 최선을 다한 프로젝트에서 미끄러질 수도 있고, 모든 상황이 착착 맞아떨어져 기대 이상의 성과를 얻을 수도 있다. 좋기도 나쁘기도 한 결과를 어떻게 받아들이느냐가 중요한데 '잘 되면 네 탓, 잘못되면 내 탓'이라고 여기면 만사가 간단해진다. 이렇게 살기 위해 항상 겸손하고, 잘못이 있으면 빠르게 인정하고 사과하려고 한다.

카카오톡 상태 메시지는 현재 그 사람의 마음 상태를 드러내는 경우가 많다. 나는 꽤 오랫동안 '겸손' 두 글자를 사용한다. 겸손을 가슴에 새기는 데에는 이유가 있다. 한때 좀 잘 나간다고 느낄 때 자만했다 큰코다친 경험을 잊지 않고, 내가 잘 되면 모두 나를 돕고 격려해주는 사람들 덕분임을 기억하기 위해서다. 또한 규모는 작지만 한 사업체의 리더고, 맡은 직책들도 꽤 많아서 말과 행동을 조심하려 함이다.

인간은 사회적 동물이다. 우리는 이 사회, 회사, 학교 등의 일원으로서 그것을 이끄는 다양한 리더들의 모습을 지켜보았다. 예전엔 리더의 덕목 하면 가장 먼저 카리스마를 떠올렸지만 요즘은 겸손이 최고의 미덕인 듯싶다. 내가 옳다 나를 따르라는 독선적인 모습보다는 겸손한 언행으로 구성원의 마음을 헤아리는 것이 진짜 리더라고 생각한다.

겸손은 승부의 세계에서도 중요한 미덕이다. 바둑의 신 이창호 9단은 누구와 언제 겨루어도 배우는 자세로 겸손하게 임했다. 실제로 그는 하수와 경기를 여러 번 치렀다고 한다. 대가가 하수와의 경기에서 무엇을 배울 수 있었을까? 그의 저서 《이창호의 부득탐승(不得貪勝)》에서 관련 내용을 발견할 수 있었다.

"스스로 교만한 줄 모르는 것이 자만의 포석이고, 아예 겸손한 척하는 것이 자만의 중반전이며, 심지어 자신이 겸손하다고 착각하는 것이 자만의 끝내기다."

이것이 수많은 경기에 임하면서 그가 깨닫고 경계했던 부분이었다. 이창호 9단은 '자만이 곧 패착'이라고 말한다. 그는 자신보다 하수인 사람들과의 경기에서 자만하지 않는 법을 배웠던 것일지도 모른다.

이창호 9단은 대국 중에 유리하든 불리하든 표정의 변화가 없었다. 오죽하면 바둑인들이 그에게 붙여준 별명이 돌부처였다. 그는 힘든 경기에서 승리를 거둬도 살짝 미소만 지어 보였다. 이기고 나면 크게 승리를 만끽하고 싶은 게 사람의 마음인데 역시 대가의 평정심은 다르다는 생각이 든다.

승부를 겨루는 경기를 해본 사람은 공감하겠지만 승자가 환호하면 가슴이 더욱 쓰라리다. 올림픽이 4년에 한 번 돌아오듯 경기는 정해진 때에만 치러지고 우승자는 단 한 명이다. 그 순간을 위해 경기에 출전하는 모두가 비지땀을 흘려도 누군가는 쓰디쓴 패배를 맛본다. 그래서 진정한 고수는 그런 사람들에 대해 배려를 한다. 정정당당하게 겨루되 패자에게 위로와 존중을 보내는 것이 진정 승자의 예(禮)이다.

이창호 9단의 모습은 겸손하려고 애쓰는 나에게 많은 교훈을 준다. 부족한 사람이지만 남을 존중하고 배려하며 자만하지 않으려고 노력하는 중이다. 또 최선을 다해 자웅을 겨루지만, 상대가 이기면 결과를 받아들이고 진심으로 축하하려고 한다. 졌다면 그건 내 탓이고 발전의 기회로 삼으려 한다. 내가 이겼다면 운이 좋아서이기에 자만하지 않고 함께 고생한 상대의 마음을 헤아리고 싶다.

'잘 되면 네 탓, 잘못되면 내 탓'을 하며 살기 위한 첫 번째 마음가짐이 겸손이라면, 두 번째는 잘못을 인정하고 사과할 줄 아는 용기다.

고백하자면 나도 주변 사람들에게 상처를 주는 충동적인 말과 행동을 할 때가 있다. 오래전부터 고치고 싶었고, 지금도 그런 모습이 튀어나오려고 할 땐 허벅지를 찌르는 심정으로 참는다. 그런데도 여전히 실수한다. 다행인 점은 내가 잘못을 빠르게 인정하고 사과하는 일에 거리낌이 없다는 것이다.

얼마 전 같이 일하던 후배가 내 말로 인해 상처받은 이야기를 털어놓았다. 일이 바쁘다 보니 상대의 마음을 헤아리지 않고 차갑게 말했던가 보다. 그 자리에서 정식으로 사과했다. 그런 마음이 쌓이면 나에게 등 돌리게 될 수도 있는데 불편함을 감수하고 이야기해주어 고마웠다.

　우리는 사과를 어려워한다. 날 얕잡아 보지 않을까, 내 권위가 실추되지 않을까 두렵기 때문이다. 나도 이런 생각을 안 했던 건 아니다. 그런데 틀린 걸 인정하고 반복하지 않기 위해 노력하는 모습이 상대방에게 신뢰를 주고, 내 잘못과 약점을 숨기는 것보단 드러낼 때 관계가 개선된다는 걸 알고 달라졌다.

　최근 여러 사람들과 팀 단위로 진행한 일이 있었는데 생각한 방향이 아니었다. 내가 그려 놓은 큰 그림과 달랐기 때문이다. 그래서 내 의견을 고집했고 결과가 좋지 못했다. 실무를 맡은 이들이 디테일한 상황을 고려하며 계획을 짰는데, 미처 파악하지 못한 채 겉만 보고 참견했기 때문이다. 그 일로 열심히 준비한 많은 이들의 노력을 헛되게 만든 것이 미안했다.

　'제발 신중하자, 내가 더 잘 안다는 오만함을 내려놓자'

　얼마나 반성했는지 모른다. 사과해야 한다는 걸 알고 있었지만 그땐 정말 쉽지 않았다. 내 부족함을 여실히 드러내 보여야 했기 때문이다. 그래도 인정할 건 인정하고 넘어가야 한다는 생각으로 관계자들에게 문자를 보내고 일일이 찾아가 고개 숙였다.

　"정식으로 사과의 글 남깁니다. 제 부족함으로 많은 분들을 힘들게 만들었습니다. 부주의했습니다. 핑계 대지 않겠습니다. 앞으로는 이런 일 없도록 하겠습니다. 다시 한번 정중히 사과드립니다."

사과 후 마음은 편했지만 나를 더 이상 신뢰하지 않으면 어쩌나 걱정되었던 게 사실이다. 그런데 다행히 다들 좋게 봐주었다. '이 사람은 잘못을 인정할 줄 아는 사람이구나' 생각했다고 한다. 우리가 TV를 통해 잘못을 저지른 정치인이나 기업인에게 바라는 것도 바로 그런 점이다. 모호한 말로 넘어가려 하지 말고 자기 잘못을 인정할 줄 아는 용기. 실수를 인정하면 내 약점과 한계를 직시하는 것이 된다. 실수를 인정할 줄 아는 사람은 그것을 토대로 한 단계 성장할 수 있다.

사람은 누구나 인정과 칭찬을 받고 싶어 하고 자기 이익을 우선으로 추구한다. 그러나 제 생각에 매몰되면 객관성과 합리성을 잃게 된다. 겸손하게 사는 것은 생각보다 어려운 일이란 걸 매번 깨닫게 된다. 또한 공개적으로 자신의 과오를 인정하는 것 역시 많은 용기가 필요하다. 잘못이 있다면 인정하고 재빨리 바로잡기 위해 오늘도 마음의 고삐를 단단히 쥔다. 부족한 사람에겐 끊임없이 나를 살피는 것밖에 답이 없기 때문이다.

단상에 함께 오르자

 바빠서 자주 하진 못하지만 가끔 가족을 위해 요리한다. 그럴 때 자주 찾는 것이 백종원의 레시피다. 레시피대로 뚝딱뚝딱 해보면 제법 맛이 난다. 나는 마법의 백색 가루가 많이 들어가서 좋은데 아내는 달다고 해서 가족들을 위해 만들 땐 설탕의 양을 조절한다. 각자 취향 차이는 있겠지만 그의 레시피는 나 같은 요리 초보, 자취생들에게 한줄기 빛 같은 존재다. 재료가 간단하고 만들기 쉽고 레시피가 상세하기 때문이다. 보통 유명 식당이나 요리사들은 영업 비밀이라며 레시피 공개를 꺼리는데, 그는 조미료와 설탕량까지 화끈하게 알려준다.

 후배들과 놀러 가서 밥 해 먹고 놀 때 한 녀석이 고기와 같이 먹을 짬뽕라면을 끓여 준다고 했다. 다들 기대 안 했는데 제법 그럴싸한 완성품이 나왔다. 백종원의 레시피라는 것이었다. 녀석은 레시피 완성하려면 공들였을 텐데 이렇게 다 알려주면 가게 망하는 것 아니냐고 했다. 영업 비밀을 공개하는 백종원 씨를 보며 그런 생각을 해봤을 수 있다.

 그의 흥미로운 행보는 방송에서도 계속됐다. 〈골목식당〉은 폐업 직전의 식당에 문제점을 찾고 솔루션을 제공하는 프로그램이다. 백종원 씨의 날카롭고 따뜻한 지적을 받은 식당들이 180도 달라졌고, 방송을 본 시청자들로 북새통을 이루었다. 여기에서도 그는 레시피와 마찬가지로 영업 노하우도 대가 없이 공개했다.

 그런데도 백종원 씨는 망하기는커녕 오히려 승승장구했다. 사업은 번창하고 유튜브 채널의 구독자는 갈수록 늘었으며 방송과 광고계의 블루칩으로 성장했다. 혹자는 그를 상생의 원칙을 아는 사람이라고 하고, 혹자는 그저 사업가일 뿐이라고 비판한다. 그에 대한 나의 판단은 전자에 가깝다. 나는 그가 상생을 실천함으로써 이득을 덩달아 얻었다고 생각한다.

 흔히 욕심을 낼수록 부자고 된다고 여기지만 꼭 그렇지는 않다. 백종원 씨의 예만 봐도 혼자 잘 살려 하기보단 나눔을 실천

할 때 더 큰 성공을 얻는다. 그리고 그 시작은 내가 먼저 주는 것에 있다. 꼭 사업이 아니라도 이는 삶의 모든 부분에 적용된다. 우리는 종종 작은 나눔이 눈덩이처럼 커져서 돌아오는 사례를 목격한다.

요즘은 인터넷의 발달로 모든 소식이 발 빠르게 퍼진다. 나쁜 소문도 그렇지만 미담도 마찬가지다. 배고픈 형제에게 음식을 무료로 대접해 준 사장님의 소식이 SNS를 통해 퍼졌을 때 사람들은 소위 '돈쭐'을 낸다며 그 가게를 찾았다. 사장님은 그저 마음에서 우러나온 행동을 했을 뿐인데 큰 보답이 되어 돌아갔다.

이런 사연에 주변 사람들도 마음이 따뜻해지는데 당사자는 얼마나 큰 감동을 받았을까 싶다. 한 가출 청소년이 거리를 떠돌다 배가 고파서 공짜 국수를 먹고 달아났다. 그런데 주인 할머니는 아이를 잡기는커녕 "그러다 넘어질라!" 걱정하셨다고 한다. 딱 봐도 배가 고파 보이는 학생이라 국숫값을 받지 않을 생각이었다. 아이는 언젠가 이 일을 사과드리고 돈을 드리겠다고 결심했다. 5년 후, 할머니는 그때 받지 못한 국숫값과 선물, 감사의 편지를 받았다. 그 학생은 취업해서 받은 첫 월급으로 그때의 빚을 갚았다. 사연이 알려진 후 할머니의 국숫집은 유명해졌다.

국숫값이라고 해봤자 고작 몇천 원일 텐데, 학생은 왜 할머니를 다시 찾아갔을까? 사람은 자신이 힘들 때 도움을 받았던 기억을 잊지 못하고 어떻게든 갚으려고 한다. 은혜 갚은 까치처럼. 이것이 다른 사람을 도울수록 내가 더 잘되는 이유이다.

남을 도왔다가 오히려 손해를 보고 상처를 받고 마음을 닫는 경우도 물론 있다. 사람에게 실망하고 괘씸한 마음이 생기기 때문이다. 그럴 땐 생각해보자. 그 일로 내 삶이 흔들렸는가? 그렇다면 그건 당신의 잘못이다. 뭐든 내가 감당할 수 있는 수준에서 베푸는 것이 진정한 호의다.

나도 가끔 좋은 마음으로 베푼 선의를 당연하게 여기거나, 왜 더 주지 않느냐는 소릴 들으면 대체 날 뭐로 보나 생각하게 된다. 과거엔 좀 분한 마음이 있었다면 요즘은 그러려니 하고 넘긴다. 내 분수에 맞게 좋은 마음으로 베풀었고, 되돌려 받으려는 생각도 안 했기 때문이다. 내 가치관을 지키고, 처음의 좋은 마음을 잃지 않으며, 긍정적으로 사람들을 바라보려고 노력한다.

사람으로 인해 손해를 봐서 내 마음이 좀 따끔하고 몇 달 용돈이 궁한 정도였다면, 굳이 삶의 태도까지 바꾸지 말자. 당신의 호의는 하늘이 알고 땅이 안다. 인생의 어느 순간 그것이 당신에게 돌아갈 것이다. 고맙다는 말을 못 들었다고 너무 섭섭해할 것도 없다.

성경의 이야기를 잠깐 하자면, 예수님이 열 명의 나병 환자들을 치료해주었을 때 오직 한 명만 돌아와 감사 인사를 했다고 한다. 예수님도 그러했는데 내가 뭐라고 굳이 감사 인사를 받으려고 할까. 이렇게 생각하면 마음이 한결 가볍다.

"사회생활 하다 보니까 자꾸 마음의 문이 닫히더라고요. 괜히 착한 사람이란 인식이 생기면 곤란한 부탁만 할 테고 호구가 될까 걱정돼요."

지인이 이런 고민을 이야기했다. 언제부터 착함이 호구와 연결된 것인지 모르겠다. 남을 배려하고 관대한 마음을 귀하게 여기진 못할망정 만만하게 보며 이용하려는 사람이 있기 때문이다. 그들도 잘못이지만 나도 착한 사람 콤플렉스에서 벗어날 필요가 있다.

남에게 끌려다니고 이용만 당하는 건 착함이 아니다. 다른 이에게 끌려다니지 않도록 나만의 기준을 세우고, 할 말은 하고 필요할 땐 단호해야 한다. 바보같이 착해선 안 되고 현명하게 착한 사람이 되어야 한다. 그래야 당신의 선한 마음이 상처받지 않는다. 또한 남에게 베푸는 것이 곧 내가 손해 보는 것, 호구가 되는 것이란 연결에서도 벗어날 수 있다.

보통 성공한 뒤에 다른 사람에게 베풀 수 있다고 생각하지만, 성공한 사람들은 베푸는 것 자체가 성공으로 가는 하나의 요소가 된다. 앞서 살펴본 백종원 씨의 경우가 그렇다. 그분이 철원에서 골목식당 촬영을 했을 때 이런저런 말들이 많았다. 지역 상권을 살려줄 테니 감사한 일이라는 의견이 지배적이지만, 촬영한 곳에만 손님이 몰리면 어쩌나 하는 걱정이 있었다. 그러나 결과적으로 촬영 이후 인근 지역 가게의 상권이 전체적으로 크게 좋아졌다. 결국 모두에게 이익이 된 것이다.

나 혼자 잘 되고 싶고 빨리 가고 싶은 마음은 누구나 가질 수 있지만, 결국엔 서로 돕는 것만 못하다. 음식점만 해도 주변 상권이 죽으면 아무리 맛집이라도 살아남기 어렵다. 나는 경험으로 서로 똘똘 뭉쳐 협력할 때 힘이 세진다는 걸 알았다. 하나둘, 하나둘 구호에 맞춰 힘을 합치면 줄다리기를 이기고, 축구의 패스도 착착 맞았다. 지더라도 함께 뭉친 끈끈한 정이 좋았다. 머리가 점점 굵어지면서 혼자선 작은 일밖에 해낼 수 없다는 걸 깨달았다. 그러다 보니 저절로 함께 하는 승리, 함께 하는 일의 감사함과 기쁨도 알게 됐다.

최연소 축구심판이 된 후 꽤 많은 경기의 심판을 보았다. 잘해야 본전인 심판들이 그나마 인정받을 수 있는 것이 심판상이다. 보통 결승 경기가 끝나면 후보에 오른 사람과 유력한 사람에 대한 소문이 돈다. 내가 언급된 적도 몇 번 있었다. 그때마다 협회 사람들을 찾아가서 다른 형들, 아저씨들에게 상을 주면 좋겠다고 말했다. 나야 아직 나이도 어리고 앞으로 기회가 있지만, 그게 생업인 분들도 있었기 때문이다. "네가 뭔데 잘난 척하냐?" 한 소리 들은 적은 없지만 고맙다는 말을 들은 적도 별로 없다. 그러나 나중에 소식을 듣고 젊은 사람이 배려하는 마음이 참 예쁘다는 말씀을 해주신 분들도 계시다.

그런데 내가 최우수 심판상을 받을 기회는 그 뒤로 오래 오지 않았다. 그러다 2013년도에 그 상을 받게 됐는데 감격에 겨워 눈물이 다 났다. 그날 내가 심판상을 양보했던 분들이 이제야 받아야 할 상을 받았다며 축하해주셨다. 상을 받은 것도 기뻤지만 같은 길 위에서 같은 일을 사랑하는 사람들의 축하를 받는 것이 더없이 행복했다.

서른 살 때는 내가 이끄는 춘천 풋살 클럽이 스탠다드 차타드 컵에서 우승했다. 프리미어 리그의 공식 후원사가 매년 개최하는 국제 아마추어 풋살 대회다. 이때 부상이 영국행 항공권과 숙박 일체였다. 그런데 정원이 하필 8명이라 직접 뛴 선수들에게 기회를 양보했다. 나도 가고 싶었지만 영국에서 좋은 경험을 하며 함박웃음을 짓는 선수들을 보니 참 잘했다는 생각이 들었다. 이 선수들도, 앞에 소개한 축구심판 형들도 현재 나의 든든한 인맥이다.

내 분수에 능력에 맞게 베풀 수 있는 일이 무엇일까 항상 생각한다. 사람이 다른 이에게 줄 수 있는 건 여러 형태가 있다. 돈이 많은 사람은 돈을 기부하고, 노하우가 있는 사람은 노하우를, 시간과 체력이 있는 사람은 그걸 나눌 수 있다. 그리고 나에겐 인맥이 있다. 그래서 인맥으로 아이들의 꿈을 응원하고, SNS에 열심히 사는 지인들의 가게를 소개한다. 나에겐 어려운 일이 아니다. 내가 직접 먹고 사용해 본 좋은 걸 공유하면 가게 사장님도 그 정보를 알게 된 SNS 친구들에게도 좋은 일이라고 생각한다.

강사진들도 가능하면 이쪽 사람들로 꾸리고, 우리 지역의 친구들을 위해 열심히 강의하려고 한다. 강원도에 있는 젊은 인재들이 이곳에 머물게 하고 싶다. 이런 내 뜻을 알아준 분들이 계셔서 강원도에서 청년 리더 아카데미를 진행하고 있다. 강원도뿐 아니라 18개 시군구 중 9곳에서 청년 리더 사업을 진행한다. 내가 강원도 사람이다 보니 지역 사람들과 함께 성장하고 싶다.

나는 아직 성공한 사람은 아니지만 함께 성장하려는 마음을 갖다 보니 돈과 사람이 함께 끌려 오는 경험을 하고 있다. 천둥이 치면 번개가 따라치는 것처럼 말이다. 흔한 오해처럼 베푸는 사람은 호구가 아니다. 이 험한 세상에서 선한 마음으로 친절을 베풀 줄 아는 사람이야말로 진정으로 강한 사람이라고 생각한다. 다른 사람의 성장을 돕고 함께 발전할 때, 나와 다른 이의 삶에 가치를 부여하는 일에 진심을 다할 때 덩달아 성공을 누리게 될 것이다.

PART 5.

당신의

모티베이터가

되고 싶은 남자

실패의 달인이 전하는 진심
1승이 간절한 그대에게

실패한 경험은 없다

지난번 지방 출장으로 KTX를 탔을 때 개그맨 김영철 씨가 연사로 나선 강연을 봤다. 영어 공부를 열심히 하는 것으로 알려진 그에겐 꿈이 하나 있다고 한다. 할리우드에 진출해서 미국 시트콤에 출연하는 인터내셔널 코미디언이 되는 것이다. 꿈 덕분에 그는 영어 공부를 더 즐겁게 할 수 있었을 것이다. 그런데 주변에서 꿈이 안 이루어지면 어떡하냐고 걱정을 했다고 한다. 영철 씨는 우리나라 사람은 남 걱정을 많이 한다고 했고 그 대목에서 나도 따라 웃었다.

"가서 성공하면 좋겠지만 안 이루어지면 어때요? 덕분에 저는 영어를 잘하는 사람이 되었잖아요."

그는 2018년 평창 올림픽을 앞두고는 피겨를 배웠다. 그즈음에 왠지 피겨 예능이 생길 것 같았고 김연아 선수를 만나는 것이 소원이었기 때문이다. 16년, 17년 겨울 시즌 동안 열심히 피겨를 하는 그를 보고 한 동료 개그맨이 "그렇게 열심히 하다 피겨 예능이 안 생기면 어떡해?" 하고 물었다. 실제로 피겨 예능도 생기지 않았다. 그래도 영철 씨는 괜찮았다고 한다. 점프는 반 바퀴밖에 못 하지만 이제 피겨를 할 줄 아는 사람이 되었으니까.

영철 씨 이야기는 경험에 대한 내 생각과 일맥상통하는 부분이 있어서 내용을 메모해놨다. 기회가 되면 강의할 때 사례로 들려주고 싶어서다. 사람들은 보통 경험을 내 능력을 증명하는 수단으로 생각한다. 그렇다 보니 대회에 나가 상을 받는 등 어떤 결과가 없으면 시간 낭비를 했다고 여긴다. 그 경험을 통해 내 안에 차곡차곡 쌓인 무언가가 있음을 알지 못한다.

경험은 그 자체로 의미가 있다. 다 큰 어른이 피겨 하는 것은 의미 없다고 여기는 건 모든 경험을 측정 가능한 결과로 환산하려 하기 때문이다. 피겨 선수가 될 수 없는 어른이라 하더라도 빙판에서 균형을 잡고 스케이트 날에 의지해 얼음 위를 미끄러져도 보고, 엉덩방아를 찧고 다시 일어나는 경험은 그 자체로 의미 있고 소중하다.

지금 당장은 유익을 헤아리기 어렵더라도 모든 경험은 나를 성장시키고 자신감을 갖게 한다. 또한 삶을 지탱하는 힘이 되어 준다. 결과보다 중요한 건 '그 과정에서 무얼 얻었는가', 또 '어떤 의미를 부여했는가'이다.

요즘 아이들은 꿈이 없다고 하는데 만나보면 꽤 다채롭다는 걸 알게 된다. 종이 한 장 펼치게 해놓고 하고 싶은 걸 써보라고 하면 처음엔 망설이다가도 봇물 터지듯 이것저것 쓴다. 그런데 경험도 진학을 위한 자소서 한 줄에 맞춰져 있다 보니, 경험 그 자체가 주는 이로움을 누리지 못하는 경우가 많다.

예를 들어 수학경시대회에 나가서 1등을 하면 좋겠지만 순위권에 못 들고 점수가 낮다면, 아무 의미가 없는 일일까? 눈에 보이는 결과만 쫓을 때 그것이 가져다주는 수많은 유익을 내팽개쳐 버리게 된다. 수학경시대회를 위해 계획을 세우고 실행하면서 어떻게 공부하는 게 나와 가장 잘 맞는지를 배우고 나의 수학 수준을 가늠할 수 있다. 혹은 내가 이과보다는 문과가 맞는구나 하는 깨달음도 얻을 수 있다.

우리는 경험에서 내가 바라는 한 가지만 꺼내려고 하지만, 그 안엔 뜻밖의 보물이 담겨 있을 수도 있다. 그러니 어떤 일을 시도했다면 결과만 보지 말고 그 경험을 통해 무엇을 얻었는지 생각해보자. 지금 당장 모르겠다면? 살다 보면 알게 되기도 하니 일단은 내공으로 쌓였겠거니 생각하자.

어릴 때부터 나서길 좋아한 엄기성은 이런저런 일에 자주 휘말렸다. 친구들이 싸우면 알아서 풀도록 두거나 선생님께 말씀드리면 되었을 텐데, 반장이랍시고 꼭 중재 역할을 했다. 내가 도움이 된 적도 있지만 그렇지 않은 적도 있고, 괜히 말리다 한 대 얻어 맞은 적도 있다.

그때 알게 된 것은 다툼과 갈등은 서로를 이해하는 과정이란 것이었다. 아이들은 그 이해를 몸싸움이란 거친 과정으로 맞이하는 경우가 많지만 말이다. 하지만 서로 맞서고 갈등을 해결하려는 과정에서 상대를 이해하고 우정을 쌓게 된다. 반장이란 역할을 맡지 않았다면 경험하지 못했을 일이다.

의도와 달리 미움을 받은 적도 많다. 중학교 때 선배들이 까분다고 추수가 끝난 논으로 불러내 때린 적이 있었다. 잘난 척한다고 싫어하는 애들도 있었다. 처음엔 억울했다. 잘 해보려고 한 건데 왜 나를 욕하냐고. 그런데 그런 경험을 통해 내가 조심하고 고쳐야 할 부분도 있다는 걸 알게 됐다. 나를 싫어하는 사람이 없었다면 아마 지금껏 내 잘난 맛에 살고 있었을지도 모른다.

과거를 떠올리면 부끄럽고 후회되는 순간이 많다. 그런데 그 시간들이 있기에 지금의 내가 있는 것이라고 생각한다. 실수하지 않았다면 후회할 일이 없었겠지만 무언가 배우지도 못했을 것이다. 부딪히고 반성하고 재정비하면서 나는 겨우 이만큼 어른이 되었다.

공부? 잘하면 좋은 일이다. 부자? 누구나 되고 싶어한다. 그러나 주어진 환경 속에서 나를 둘러싼 세상과 관계를 맺는 경험 역시 중요하다. 학생이라면 친구와의 다툼도 의미 있는 경험이다. 그 순간은 서로에게 마이너스 부정적인 듯 보이지만, 갈등을 현명하게 다루고 해결하는 방법을 배우게 된다. 부모님, 선생님, 어른들과의 관계를 풀어나가는 일도 그렇다.

아르바이트나 직장 생활을 할 때도 부딪힘이 발생할 수 있다. 원리 원칙을 지키면 좋지만 상황이 여의치 않을 가능성이 높다. 동료와 마음이 잘 맞지 않고 워라밸이 떨어질 수도 있다. 내가 이렇게까지 열심히 한다고 회사가 알아줄까 회의감도 든다. 하지만 이런 경험을 통해 때론 인간적인 정을 발휘하고, 내 생각을 강하게 어필하는 법도 배우게 된다. 경험치가 쌓일수록 다음을 덜 두려워하게 되고, 나쁜 일도 꼭 나쁘지만은 않았음을 알 수 있다.

나도 회사 생활이 쉽지 않았다. 지금도 감사한 마음을 가지고 있는 선배, 동료분들과는 별개로 업무 강도가 상당히 높았다. 영업직이다 보니 늘 사람을 상대해야 했는데 그 과정에서 엄청난 스트레스를 받았다. 내가 회사에서 한 가지 배운 게 있다면 인내다. 그때 참을 인을 가슴에 새기는 법, 아무리 화가 나더라도 먼저 자리를 박차고 나가지 않는 법을 배웠다. 또 두 번 생각하고 침착하게 말을 전달하는 법도 배웠다. 그 하루하루가 모여 엄기성을 한결 성숙한 사람으로 만들어주었음을 부정할 수 없다. 지금 처한 상황이 힘들더라도 그 안에선 내가 배울 수 있는 것이 한 가지쯤은 있다.

상황뿐 아니라 감정을 경험하는 것도 필요한 일이다. 예를 들어 나보다 공부 잘하는 친구, 자신감 넘치고 말 잘하는 친구, 나보다 인사고과 높은 동료를 만날 때 우리는 열등감이나 질투를 느낀다. 왜 이런 감정을 느낄까? 상대적으로 내가 부족하고 초라해 보이기 때문이다. 열등감과 질투는 인간의 자연스러운 감정이다. 괴로움만을 느끼느냐, 그 감정 안에 담긴 걸 들여다보고 성장의 기회로 삼느냐는 철저히 자신의 선택에 달려 있다.

인간은 이런 과정을 통해 성장한다. 나도 잘난 사람을 만나면 부럽다고 생각한다. 전엔 그게 열등감으로 작용하기도 했지만 요즘은 배우고 싶고, 친구가 되고 싶어서 먼저 다가간다. 최근엔 같은 교육사업을 하는 비슷한 또래의 대표와 친구가 됐다. 나보다 훨씬 능력 있고 마인드도 멋있어서 먼저 손을 내밀었다. 서로 바빠서 자주 만나지 못하지만 그 친구와 대화하는 시간에 많은 걸 배우고 내가 발전한다는 걸 느낀다. 덩달아 나도 뭔가 줄 수 있는 사람이 되고 싶어 노력하게 된다.

물론 정말 부정적인 경험도 있다. 내 잘못으로 인해 누군가 피해를 입었거나, 지울 수 없는 흔적을 남겼을 땐 마음을 잡기가 더욱 어려울 수 있다. 소위 불량 청소년인 아이들을 대상으로 강연을 가기도 한다. 폭력으로 소년원에 다녀온 아이도 있고, 어른들 앞에서 거리낌 없이 욕하고 담배를 피우기도 한다.

어른의 말을 무시하는 드센 아이들에겐 정면 돌파하는 편이다. 요즘은 어른이 어른 역할을 하기 힘든 시대다. 괜히 옳은 소리 했다가 험한 꼴을 당할까 봐 그냥 지나치게 된다. 덩치가 큰 나도 가끔은 무섭다. 그러나 이 자리를 빌려 꼭 하고 싶은 말은 내가 잘못했을 때 어른이 혼을 낸다면 그건 관심과 애정이 있어서다. 그래도 네가 바른 방향으로 나아가 잘 되길 바라는 진심이 담겨 있다. 나이가 들어 어른이 되면 아무도 그런 애정어린 조언을 해주지 않는다.

그래서 나는 삐딱하게 구는 학생은 일단 어른으로서 한마디 한다. 꼰대라서가 아니라 서로 간의 예의의 문제다. 그리고 대화할 준비가 되면 부드럽게 이야기를 나눈다. 아이들의 얘기를 들어보면 엇나갈 수밖에 없는 사정도 있고, 후회하는 마음도 있다.

부모님이 안 계신 한 비행 청소년과 대화했을 때의 일이다. 자기가 한 일을 후회하고 때린 친구에게 사과했다고 하기에 "미안한 마음을 전하는 건 용기가 필요한 일인데 참 잘했다. 상남자네" 하고 어깨를 두드려 주었더니 눈물을 흘렸다.

그런 친구들에게 꼭 해주고 싶은 말은 후회스러운 경험이 있더라도 괜찮다는 것이다. 지금부터가 중요하다. 사과할 일이 있다면 하고, 풀어야 할 마음의 응어리가 있으면 풀어야 한다. 내 삶을 사랑하며 멋진 사람으로 자라기에 아직 늦지 않았다고 어깨를 토닥여주고 싶다.

난 학생들에게 항상 경험을 두려워하지 말라고 말한다. 분명히 할 것은, 그 경험 안에 나쁜 행동이 포함되진 않는다는 것이다. 남에게 피해를 주는 도를 넘은 행동은 일탈, 비행이다. 이 점을 분명히 하고 도둑질 빼고 다 해보자.

당장은 쓸모없고 의미 없어 보이는 경험이라도 언젠가 내 인생과 중요하게 연결될 수 있다. 연결되지 않으면 어떤가. 피겨 예능엔 나가지 못했지만 스케이트를 탈 줄 아는 사람이 된 김영철 씨처럼, 우리도 그 시간을 의미 있는 것으로 남길 수 있다. 프로젝트에 실패했다 하더라도 실력이 향상된 나는 남아 있고, 사랑에 실패하더라도 사랑받기 위해 좋은 사람이 되려고 노력한 나는 남아 있다.

NASA에선 연구에 실패한 사람을 자르지 않는다고 한다. 그는 뭘 해야 실패하는지 가장 잘 아는 사람이기에 그렇다. 그 모든 경험들이 나를 단단하게 지탱하는 발판이 되고, 풍성한 삶을 살아갈 수 있도록 한다.

진짜 흙수저는
마음이 가난한 사람이다

　우리 집 형편이 넉넉하지 않다는 건 자라면서 알게 됐다. 전교 회장 출마를 엄마가 반대했을 때, 부모님이 가끔 돈을 가지고 사랑싸움하실 때, 축구 선수가 되고 싶었지만 정규교육은 받지 못했을 때, 평생 농사를 짓는 아버지가 서울로 일하러 가실 때, 엄마가 힘들어하면서도 요양원 일을 그만두지 못할 때 조금씩 깨달았다. 자연스럽게 중학생 때부터 아르바이트를 시작했고 번 돈은 대부분 부모님께 드렸다.
　남의 돈 버는 게 쉬운 일은 아니지만 비참하다는 생각은 안 해봤다. 대가는 늘 주어졌고 열심히 하면 더 벌 수도 있었으니까. 나에게 경제적인 어려움이란 노력으로 극복할 수 있는 것이었다. 성실하게 일하면 내 몸 하나 건사하는 건 물론이고 가족들도 챙길 수 있었다. 노동 시간에 따라 정당한 대가를 받는 건 자본주의 사회의 불변의 진리다.

　가난한 환경이 여러모로 불리한 조건인 건 맞다. 받쳐주는 힘이 부족하다 보니 경험의 폭이 좁아지고 마음 놓고 공부하거나 취업 준비를 하기에도 불리하다. 일하느라 연애가 어려울 수도 있다. 그렇다 보니 가난이 사회구조의 문제인 것 같고 가난한 부모님에게서 태어난 나는 어떤 희망도 없는 것처럼 느껴진다. 특히 집에 빚이 많거나 아픈 환자가 있는 경우 내가 흙수저인 것을 원망하게 될 수 있다.

　그러나 내가 흙수저란 생각이 내 힘으로 극복하기 어려운 가난이 아닌, 남들과의 비교에서 오는 것이라면 이제 마음을 바꿔야 한다. SNS를 보면 클럽, 파티, 해외 유학, 명품 등 화려한 생활을 하는 젊은이들을 볼 수 있다. 그들 중엔 소위 금수저들도 있지만, 남들에게 잘 보이기 위해 분수에 맞지 않는 과시용 소비를 하는 이들도 있다. 너무 부러워할 것 없다. 남들이 뭐라고 하든 내가 기준이 되어 경제적 독립을 이루는 것이 진정한 어른이기 때문이다.

　남들과 나를 비교하는 것은 바보짓이다. 신세 한탄한다고 해서 상황은 달라지지 않는다. 내 삶을 개선하려 노력하되 지나친 허영심은 키우지 말아야 한다. 분수에 안 맞는 부자놀이 보다는 버는 돈을 어떻게 운용할지 고민하고 경제공부를 하는 게 훨씬 현명하다.

금수저만 바라보다 보면 내 노력이 아무 쓸모없어 보인다. 이만큼 벌어서 언제 부자가 될까 싶다. 하지만 세상엔 금수저보다 그렇지 않은 사람이 더 많다. 또 흙수저로 태어났지만 성공한 사람들의 사례도 얼마든지 있다. 롯데의 창업주 신격호 회장은 껌부터 팔았다. 현대의 창업주 정주영 회장도 가난한 농부의 아들이었다. 그들이 어떻게 성장했는지 살펴보고 땀 흘려 일하는 것을 두려워하지 않는다면, 적어도 타고난 가난은 물리칠 수 있다고 생각한다.

내가 이런 이야기들을 자신감 있게 해서 그런지 하루는 어떤 이가 말했다.

"대표님도 가난한 환경에서 성장하셨다고 하는데 구김살이 없어 보이세요."

그리고 내가 금수저를 물고 태어난 사람 같다고 덧붙였다. 어떤 점이 그런지 물어보니 자신의 감정과 생각을 정확하게 표현하고, 안 좋은 일이 생겨도 큰 타격이 없어 보이며, 늘 여유로운 점이 그렇다고 한다.

사실 여부와 상관없이 처음 든 생각은 '그렇다면 다행이다'이고, 두 번째는 '이유가 무엇일까?' 였다. 내가 가난을 핸디캡으로 여기지 않고 비교적 가볍게 뛰어넘었다면 그럴만한 이유가 있었을 것이다. 한참을 고민하다가 내가 큰 사랑 안에서 성장했다는 걸 깨달았다.

나는 항상 자신을 '가난한 농부의 아들에 꿈이 없었던 소년'이라고 소개했지만 마음만은 부자였던 사람이다. 물질보다 더 중요한 가치인 내면의 자산을 듬뿍 쌓아주신 분이 계셨기 때문이다. 그분은 비록 많은 돈을 벌지 못했지만 세상에서 가장 다정하고 따뜻한 나의 아버지시다.

별명이 기둥인 남자이지만 나의 가장 큰 기둥은 아버지다. 자상한 아버지는 아들에게 관심이 많으셨다. 방학 숙제를 도와주시고, 같이 논에서 축구도 하셨다. 아버지에겐 시시콜콜한 얘기도 할 수 있었다. 항상 내 말에 귀 기울이셨기 때문이다.

어린 시절 아버지는 동심을 지켜주는 마법 같은 존재였다. 한번은 아버지가 스케이트를 타게 해주신다고 했다.

'어떻게 스케이트장을 만들어주신다는 거지?'

궁금해하며 잠이 들었는데, 다음 날 아침 일어나 보니 논밭이 매끄러운 스케이트장으로 변해 있었다. 그때 벅차올랐던 심정이 생생하다. 아버지는 그 겨울 내내 새벽 4시에 일어나 엄씨 형제와 친구들을 위한 스케이트장을 정비하셨다. 지금도 아버지가 사랑으로 만들어주신 빙판 위에서 스케이트와 썰매를 타던 지난 날을 생각하면 가슴 속에 따뜻한 기운이 번진다.

그래서였나 보다. 씩씩하게 아르바이트를 하면서 얼른 아버지 주머니에 용돈을 찔러 드리고, 어머니께 생활비를 드리고 싶었다. 동생에게도 좋은 것을 해주고 싶었다. 내가 열심히 돈을 벌기 위해 노력해야 할 이유가 분명히 있었다. 생각해보면 가족을 사랑하는 마음으로 돈을 벌었던 것 같다. 살다가 지치고 힘든 순간이 와도 이 세상에 나를 위해 논밭의 물을 얼려 스케이트장을 만들어준 사랑이 있다는 걸 기억하며 다시 힘을 낼 수 있었다. 여자의 몸으로 힘든 일을 하며 억척스럽게 자식을 키워 낸 어머니가 계셨기에 내가 하는 고생은 별 것 아니게 느껴졌다. 하루빨리 능력 있는 어른이 되어 부모님의 고생을 덜어드리고 싶었다.

주어진 환경에 좌절하지 않고 내 삶을 사랑할 수 있었던 건 전부 부모님 덕분이다. 그런 점에서 나는 운이 좋은 사람이고, 정서적인 면에선 금수저다. 이 글을 읽고 계신 분 중에 학부모가 있다면, 아이들이 부모의 사랑을 느낄 수 있도록 사랑을 듬뿍 주시길 바란다. 내면의 자산이 있으면 세상 풍파에 시달려도 쉽게 넘어지지 않고 일어설 수 있다. 그런 점에서 부모가 아이에게 물려줄 수 있는 최고의 재산은 '진심 어린 애정'이 아닐까 싶다.

강연을 나가면 마음이 가난하고 움츠러들어 있는 아이들을 보기도 한다. 조손가정, 이혼가정 등 환경적 이유가 있기도 하고, 부모에게 만족스러운 관심과 사랑을 받지 못한 경우도 있다. 정서적으로 안정되지 못한 아이들은 자아 존중감이 떨어지고 학습 태도, 성적, 친구 관계 등에 큰 영향을 받는다. 눈에 보이지 않는 심리적 허들이 하나씩 가지고 있기 때문이다.

눈에 보이는 실제적 가난은 어떻게든 헤쳐나갈 수 있지만 마음의 가난은 보이지 않기에 더 큰 문제를 만든다. 이 글을 읽는 분들은 분명 모든 어려움도 헤쳐나갈 수 있는 강한 분들일 것이다. 하지만 살다 보면 따뜻함이 필요한 순간이 있다. 그럴 땐 믿을 수 있는 가족, 친구, 선배, 선생님에게 기대어도 좋다. 다른 사람에게 의지하는 것은 약함이 아니다. 힘들 때 솔직한 마음을 털어 넣고 다른 이에게 의지하는 것도 용기 있는 행동이다.

엄기성에겐 항상 사람이 위로이고 힘이다. 인생에서 번민이 느껴지거나 장애물에 직면할 때, 나를 추슬러야 할 때, 혼자서는 도무지 긍정적인 회로가 돌아가지 않을 때 주변에 마음을 솔직하게 털어놓고 위로받는다.

내가 위로와 힘을 얻는 또 다른 방식은 기도다. 기도는 꼭 종교적인 이유가 아니었더라도 내가 젊은 시절부터 해오던 것이다. 힘들고 어려운 일이 생길 때 어디 계신지 모를 신을 향해 기도했다. 속상함을 털어놓고 나면 마음속 앙금이 서서히 가라앉고 다시 해보자는 용기가 솟아올랐다. 요즘도 자기 전 하루를 반성하면서 돈 욕심 부리지 말자, 주어진 위치에서 최선을 다하자고 다짐한다. 그리고 별일 없는 평범한 하루를 보낸 것에 깊이 감사한다.

사람의 위로와 종교의 힘에 의지하는 것도 좋지만, 내 마음의 가난에서 벗어나는 가장 확실한 방법은 내면의 빛을 밝히는 것이다. 근본적인 변화는 나 자신으로부터 시작되어야 한다. 경제적 가난을 성실함으로 극복할 수 있듯, 마음의 가난도 내면을 밝히고 자신을 사랑함으로써 극복할 수 있다.

내면을 밝힌다는 건 과연 무엇일까? 내가 이미 가지고 있는 훌륭한 것을 밝히는 것이다. 김영철 씨 강연을 좀 더 이야기 하자면, 영철 씨는 누구나 하나쯤 잘하는 게 있다고 말한다.

영철 씨가 꼽은 자기가 잘하는 것은 이렇다. 아침에 일찍 일어나는 것, 리액션을 하면서 잘 웃는 것. 그는 이걸 무척 대단한 발견이라도 한 것처럼 말했다. 생각해보면 대단하지 않을 이유도 없다. 우린 늘 자신의 모습에서 부정적인 것들만 찾아내는데, 내가 잘하는 걸 하나씩 발견한다는 게 얼마나 멋진 일인가. 역사를 알아야 조국을 더욱 사랑할 수 있듯, 나를 발견해야 자신을 진정으로 응원하고 사랑할 수 있는 것이다.

한번 생각해보았다. 엄기성이 잘하는 건 뭘까? 그동안 알고 있는 것 말고 새로운 걸 발견하고 싶었다. 나는 호탕하게 웃는다. 그게 다른 사람을 기분 좋게 한다고 한다. 나도 영철 씨처럼 아침 일찍 일어날 수 있다. 아무리 피곤해도 일찍 눈을 뜨는 게 습관이 돼서 하루에 꽤 많은 일들을 처리할 수 있다.

이처럼 나는 무엇을 잘할까? 사소한 것이라도 하나씩 찾아보자. 그동안 내게 모진 소리만 해왔다면 이제 그만 멈춰야 한다. 가족, 연인, 친구가 주는 사랑? 잠깐 도움이 될 수 있다. 그러나 그들이 모두 떠나고 난다면 내 마음은 다시 어둡고 가난해질 것이다. 내가 부족해 보이더라도 아끼고 존중하며 잘하는 것을 발견할 때 비로소 어두웠던 내면이 밝아질 것이다.

사서삼경(四書三經) 중 하나인 《대학(大學)》의 가장 첫 장에는 '명명

덕(明明德)'이란 말이 나온다. 내 안의 덕을 밝힌다는 의미다. 즉, '내가 이미 가지고 있는 훌륭한 것, 처음부터 가지고 태어난 것을 밝히는 것'이다. 이것이 바로 마음의 가난, 정서적 가난을 벗어나는 방법이라고 생각한다.

그리고 나도 나의 역할을 생각한다. 시인 예이츠는 "교육이란 빈 통에 물 채우기가 아니라 불을 밝혀주는 것이다"라고 말했다. 소크라테스는 교육을 산모에게서 아이를 받는 것과 같은 '산파술'이라고 했다. 잠재력과 선천적 능력을 끄집어낸다는 의미이다. 모두 명명덕과 일맥상통하는 부분이다.

나는 진정성 있는 강의를 통해 아이들이 자신감을 갖고 꿈을 찾을 수 있도록 돕는 사람이 되고 싶다. 강연과 컨설팅을 통해 만나는 아이들, 청년들 내부의 심지에 불을 붙여 그 안을 환히 밝혀줄 수 있는 사람이 되기 위해 나도 매일 노력해야겠다.

넘어지지 않는 법만 배우면
결국 일어서는 방법을 모른다

강의를 밥 먹듯 하지만 관성처럼 반복하진 않는다. 내가 하고 싶은 얘기만 늘어놓다간 1분 안에 주의가 흐트러질 수 있다. 요즘은 모든 것이 빠른 시대라 사람들의 참을성이 부족하다. 나는 대한민국 넘버원인 유재석도 BTS도 아니기에 강연장에서 청중과 소통하기 위해선 많은 노력이 필요하다.

어떻게 하면 마음의 문을 쉽게 열 수 있을까? 내 경험으론 청중 앞 강연자가 좀 만만한 사람이 되는 것이다. 사람들은 성공담보다는 실패를 이겨낸 이야기에 더 감동을 느낀다. 가난한 농부의 아들로 태어나 무(無)스펙으로 대기업에 합격하고, 인생에서 겪은 이런저런 실패를 겪었으나 오뚝이처럼 일어난 이야기를 솔직하게 들려준다. 다행히 평범한 사람 엄기성이 실패와 좌절을 딛고 일어선 이야기가 동기부여가 되는 듯하다.

'나 같은 사람도 해냈는데 너희들이라고 왜 못해?'

내가 이야기를 통해 알려주고 싶은 건 이런 자신감이다.

요즘은 아이들에게 자신감과 함께 하나 더 알려주고 싶은 것이 있다. 바로 역경이 주는 선물이다. 역경을 좋아하는 사람은 없다. 듣기만 해도 싫다. 이왕이면 편하게 고생 없이 살면 좋으니까. 역경의 사전적 의미는 '일이 순조롭지 않아 매우 어렵게 된 처지나 환경'이다. 돌아보면 우리는 숱한 역경을 이겨내고 이 자리에 서 있다. 걸음마도 그중 하나다. 갓 태어난 아기에겐 걷는 것이 순조롭지 않다. 걸음마를 하기 위해 셀 수 없이 많이 넘어지면서 결국 두 다리로 튼튼하게 섰다.

어린 시절 나는 지금과 달리 마른 체형이었다. 비실비실하게 생겨서는 축구를 잘 하고 싶어 운동장을 열심히 달렸다. 그러다 쓰러지고 코피도 흘렸다. 중2, 처음 축구심판에 도전했을 땐 달리기는 빨라도 폐활량과 근육이 턱없이 부족했다. 첫 도전이 좌절되고 재도전을 준비하면서 차근차근 운동 강도를 높여 갔다.

축구 선수는 한 경기당 대략 10km 이상을 뛴다. 선수들과 같이 경기장을 누비려면 나도 10km까진 아니어도 비슷하게 뛸 수 있어야 했다. 당시 나에겐 3km를 풀로 뛰는 것도 쉬운 일이 아니었다. 폐가 터질 것 같고 도저히 못 할 것 같다는 좌절감이 몰려 왔다. 포기했으면 거기서 멈췄겠지만 포기하지 않고 꾸준히 운동한 덕분에 3킬로는 거뜬히 뛸 수 있게 됐다. 좌절감을 극복하려고 애쓴 결과 그 이상을 뛰는 사람이 되었다.

헬스장에서 무게를 칠 때도 마찬가지다. 무게를 늘릴 때마다 좌절감이 몰려와서 그만하고 싶어진다. 그냥 번쩍번쩍 들 수 있는 무게로만 운동하고 싶다. 그런데 내가 익숙한 무게만 들면 근육이 더는 늘지 않는다. 평소보다 무거운 중량을 들면 근육이 뻐근하고 아프다. 익숙하지 않은 무게를 견디느라 몸속 근육 섬유들이 상처를 입기 때문이다. 이 상처가 회복되는 과정에서 느껴지는 통증이 근육통이다. 이 통증을 견디며 벅찬 무게를 드는 과정을 반복해야 근육을 늘릴 수 있다.

운동을 예로 살펴봐도 그렇듯 한 인간이 성장하기 위해선 적당한 역경이 필요하다. 그런데 한계를 넘으려고 할 때마다 필연적으로 좌절감이 따라온다. 성장은 역경을 무엇이라 규정하고, 어떻게 다룰지에 달린 것일지도 모른다.

곤충학자 찰스 코우만의 '나비 이야기'는 역경의 의미에 대해 여러 가지 생각을 하게 한다.

애벌레가 나비로 자라면 고치를 뚫고 나온다. 코우만은 나비가 갖은 애를 쓰며 고치 밖으로 나오는 모습을 안타깝게 여겼다. 한번은 나비가 쉽게 나올 수 있도록 가위로 고치에 구멍을 조금 뚫어 주었다. 결과는 예상외였다. 수월하게 밖으로 나온 나비가 날지 못하고, 날개를 질질 끌며 바닥을 헤매다 죽고 만 것이다. 코우만은 나비가 스스로 역경을 이겨내고 성장할 기회를 망친 자신의 행동을 무척 후회했다.

결국 나비에게 고치를 뚫고 나오는 것은 꼭 필요한 과정이었다. 밖으로 나오려 발버둥 치는 동안 날개에 혈액이 공급되고, 일생 하늘을 훨훨 날아오를 힘을 길러주게 된다. 그런데 누군가의 친절이 오히려 나비를 죽게하고 만 것이다. 이처럼 역경을 극복하는 일은 한 존재가 스스로 일어날 힘을 키우는 일과도 무관하지 않다.

하늘의 제왕 독수리가 새끼를 교육하는 방법도 비슷한 구석이 있다. 독수리는 새끼들을 일부러 절벽에서 밀어 떨어뜨려서 스스로 날갯짓을 할 수 있게 훈련시킨다. 대장장이는 쇠를 강하게 만들기 위해 불에 달구고 망치로 두들긴다. 강한 화초는 온실이 아닌 야생에서 비바람을 맞으며 자라난다.

부모는 때로 곤충학자가 나비 고치에 구멍을 내는 것처럼 자식의 어려움을 대신 해주고 싶어 한다. 하지만 언제까지 품 안의 자식이 아니다. 마음이 아프더라도 아이가 어렵고 힘든 일을 참고 견디며 성장할 기회를 주어야 한다.

사람은 어려움을 극복하는 과정에서 인내와 의지, 문제해결력을 키운다. 역경을 돌파할 때 고치 속 나비처럼 몸부림을 치지만 제 힘으로 헤쳐 나오며 자신감을 얻는다. 한 번이라도 이런 경험을 하게 되면 도전적인 상황 앞에서 쉽게 좌절하지 않는다. '난 할 수 있는 사람'이라고 스스로 동기부여 하며 재도전하고 결국 해낸다.

반면 스스로 역경을 극복해본 적이 없는 사람은 실패가 두려워서 아예 시도조차 하지 않는다. 세상과 싸워 이겨낼 힘을 기르지 못한 탓이다. 성공한 사람들 중엔 역경이 있더라도 끝까지 도전해서 성취하는 능력인 '역경지수(AQ)'가 높은 경우가 많다고 한다.

역경지수와 일맥상통하는 말로 '회복 탄력성'이 있다. 회복 탄력성은 역경을 이겨내는 긍정의 힘을 말한다. 바닥까지 내려간 고무공이 그 탄력으로 다시 솟아오르는 것처럼, 시련을 겪더라도 다시 일어서는 힘이다.

시련을 극복하고 다시 일어서 본 사람은 회복 탄력성에 대해 이렇게 말한다. '인생이 끝났다고 여겨지는 순간 나를 일으켜 다시 도약할 수 있게 만들어준 힘'이라고.

사업이 망해 길바닥에 나앉게 생겼다거나, 인생의 밑바닥까지 떨어져 본 적은 없으나 내 인생에서도 역경을 만나 좌초했던 경험이 있다. 역경을 극복할 수 있었던 건 나에게 힘이 있다는 걸 알았기 때문이다. 회복 탄력성은 경험치다. 일단 넘어졌다 오뚝이처럼 일어나 본 경험이 있다면 그다음은 처음보다 쉽다.

회복 탄력성도 일종의 근육이다. 몸을 단련하듯 훈련을 통해 키울 수 있다. 몸의 힘이 강한 근육에서 나오듯, 마음의 힘은 마음의 근육에서 나온다. 마음의 근육이 단단한 사람은 역경이 닥쳤을 때 헤쳐나갈 힘이 있다.

현재 나의 회복 탄력성은 10점 만점 중 7점 정도다. 과거와 비교하면 현재 실패를 훨씬 현명하게 다룬다. 칠전팔기 정신과 이 또한 지나간다는 생각으로 주어진 상황에 최선을 다한다. 그리고 고민을 혼자 끌어안고 있지 않고 대화로 숨통을 트고 도움도 받는다. 말썽이 생기면 소통하며 해결하는 편이다. 이런 노력들을 통해 회복 탄력성의 단계를 계속 높여가는 중이다.

요즘 회복 탄력성이 더욱 주목받는 이유는, 우리 아이들이 미래 시대를 살아가야 하기 때문이다. 과거에는 내가 선택한 직업이 곧 평생직장으로 이어졌다. 그런데 4차 산업혁명의 여파로 오늘날 많은 직업이 사라지고, 새로운 직업이 등장하고 있다. 공상과학소설 속 AI가 인간을 대신해 일하는 모습이 실제가 되어 가고 있다. AI가 활동하는 영역은 단순 자동화 기술뿐 아니라 그림, 음악, 글 등 오직 인간만 할 수 있다고 여겼던 창조적 영역으로까지 확대되고 있다. 상상도 할 수 없이 빠르게 변화하는 기술, 그에 따라 직업과 고용환경 역시 변화하게 될 것이다.

이와 관련하여 미국의 미래학자 토마스 프레이는 4차 산업혁명 시대 인재에게 요구되는 능력 중 하나로 회복 탄력성을 꼽았다. 왜 그럴까? 진로 문제에 부딪혔을 때 내면의 힘을 통해 생각을 전환하고, 긍정적인 마음으로 자신의 진로를 탐색, 설계, 수정할 수 있어야 하기 때문이다. 회복 탄력성은 감히 예측할 수 없는 미래사회를 대비해 우리 아이들이 반드시 갖춰야 하는 역량 중 하나다.

개인적으로는 아이들이 약간 나대면서 자라도 괜찮을 것 같다. 의욕이 욕심이 되지 않도록 하고 나서야 할 때와 안 될 때를 구분하는 것만 잘 가르친다면, 자신감 있게 자기 생각을 표현하며 나답게 성장할 수 있다. 나대는 아이는 튀는 걸 두려워하지 않기 때문에 새로운 일에 과감히 도전할 수 있다. 이렇게 세상과 부대끼는 체험을 하다 보면 세계가 확장되고, 나만의 지혜를 축적하게 된다.

인생은 끊임없는 도전의 연속이다. 성장하고자 하는 사람은 자신의 능력에 한계를 짓지 말아야 한다. 안전한 영역에 머문다면 편안함을 느낄 수 있을지 몰라도 내 능력을 발견하고 성장할 기회는 잃는다. 걸음마를 배우는 것처럼 많이 넘어져 본 사람일수록 쉽게 일어난다. 반대로 넘어지는 법을 배우지 않으면 결국 일어서는 방법을 모르게 된다.

넘어질지도 모른다는 두려움은 이제 그만 내려놓자. 실패할 수도 있는 위험을 감수하고 전진하면 나의 세상은 넓어진다. 성공은 곧 자신감이 되지만 실패도 마찬가지다. 실패할 때마다 넘어지지만 일어설 땐 빈손이 아니다. 우리는 반드시 뭔가 줍고 일어선다. 그게 무엇인지는 내 손을 펼쳐 살펴볼 일이다.

살다 보면 안다, 인성은 정말 스펙이 된다

어릴 때 친구 집에 놀러 가면 거실이나 안방에 가훈이 적혀 있기도 했다. '가화만사성'이 가장 많았던 것으로 기억한다. 가정이 화목해야 모든 일이 잘된다는 건 만고불변의 진리일 테니까. 그 외에 정직하게 살자, 진인사대천명 등이 있었다.

친구 집에 다녀와 아버지께 우리도 가훈을 쓰자고 말씀드렸는데 흐지부지 지나간 적이 있다. 가훈이 한 집안의 교육 철학이라면 우리 아버지는 인사에 대한 말씀을 많이 하셨다. 다른 잔소리가 없으셨지만 유독 인사에 대해서만은 엄하게 이르셨다.

"어른들을 보면 꼭 먼저 인사드려라."

그래서 어딜 가든 "안녕하세요, 안녕히 계세요, 감사합니다."

하는 걸 잊지 않았다. 어릴 때 어머니가 심부름으로 시장에 콩나물이나 붕어빵 같은 걸 사러 가면 항상 우렁차게 인사했다. 인사하는 어린이를 상인들은 늘 반갑게 맞아주셨고 붕어빵을 덤으로 얻기도 했다.

용돈 받아서 동생과 자장면을 먹으러 갔을 때 장난을 치다가 유리컵을 깬 적이 있었다. 그 중국집 사장님이 무섭게 생기셔서 바짝 긴장하고 있었는데 그분은 혀를 끌끌 차더니 말씀하셨다.

"너희가 들어올 때 예의 바르게 인사 잘해서 안 혼내는 거야."

휴유, 가슴을 쓸어내렸다. 인사의 힘이 아니었다면 불호령이 떨어졌을지도 모를 일이었다. 그때 어린 마음에도 인사에는 '힘이 있구나' 하고 느꼈다.

지금도 인사 하나는 참 잘한다. 누굴 만나든 먼저 인사한다. 내가 덩치도 크고 가만히 있으면 무서워 보이는 인상이라 특히 여자분들 앞에선 웃음을 잃지 않는다.

강연할 때도 시작은 인사다. 대학생이든 초등학생이든 일단 90도로 고개 숙여 인사한 후 존댓말로 강의한다. 나이에 상관없이 진정성 있게 상대를 존중하고 싶은 마음에서이다.

인사는 왜 중요할까? 거창한 이유 없이 일단 받으면 기분이 좋다. 엘리베이터를 탈 때 아이들이 "안녕하세요!" 인사하면 그럴

게 귀여울 수가 없다. 인사 잘하는 아이를 만나면 부모님이 참 잘 키우셨구나, 어딜 가나 귀염받겠다고 생각하게 된다. 누가 나에게 먼저 인사를 건네주면 그 사람이 기억에 남는다. 버스, 택시를 탈 때 점심 먹으러 음식점에 갔을 때 반갑게 인사해주면 왠지 가슴이 훈훈해지지 않던가. 나도 누군가에게 그런 사람이 될 수 있다. 이 세상은 혼자 살 수 없다. 인사는 사람과 사람의 관계를 여는 문이다.

인사가 중요한 이유는 인성의 기본이 되기 때문이다. 인성은 '사람의 성품 또는 각 개인이 가지는 사고와 태도 및 행동특성'을 말한다. 인성의 정의는 다양하지만 보편적으로 한 사람의 됨됨이, 성품이라고 볼 수 있다. 그리고 인성교육이라고 하면 올바른 마음, 됨됨이를 갖게 하는 교육이다. 인성교육이 중요한 이유는 한 사람의 성품이 그의 인생을 결정하기 때문이다. 인성은 내가 인생을 살아가는 방법이다.

매일 친구들과 경쟁하고, 혼자 컴퓨터나 스마트폰으로 폭력적인 게임을 하는 아이들에게 좋은 인성을 기대하긴 어렵다. 최근 많은 사건·사고들은 과도한 경쟁에서 비롯된 우리 교육의 문제를 여실히 드러낸다. 인간은 경쟁을 통해 발전한다지만 승자와 패자가 분명한 상황에선 전쟁만큼 치열해진다. 친구를 이겨야만 좋은 대학에 갈 수 있는 상황에서 어떻게 서로를 존중하고 배려하는 인성을 말할 수 있을까?

인성을 아이들 개인의 문제로 치부한다면 변화를 기대하기 어렵다. 당장 교육환경을 바꾸긴 어렵겠지만, 아이가 올바른 가치관을 가질 수 있도록 인성교육이 일상에 녹아 들어가도록 할 필요가 있다. 인성교육은 밥상머리 교육처럼 가정과 학교에서 작은 것부터 실천할 수 있어야 한다. 너무 공부공부 하지 말고, 어른이 먼저 인사하고 긍정적인 말을 하며, 대화로 갈등을 풀고 양보하는 법을 보여주고 또 가르쳐야 한다. 행동을 반복하면 습관이 되고 그 습관은 한 사람의 됨됨이가 된다. 그리고 결국 한 사람의 삶이 되기 때문이다.

한 사람의 됨됨이와 소양은 그릇에 비유된다. 긍정적이고 대범하며 포용력이 있는 사람은 그릇이 크다고 한다. 그릇이 큰 사람은 큰일을 하며 성공할 것이라고 여겨진다. 반대로 매사 부정적이고 내 이익만 따져 남을 포용하지 못할 때 그릇이 작다고 한다. 바른 인성은 자라나는 아이들의 소중한 꿈을 담는 그릇이 된다. 고루한 얘기처럼 들릴 수 있지만 실제로 그렇다.

축구 선수 손흥민의 아버지 손웅정 씨의 책《모든 것은 기본에서 시작한다》를 보면, 그는 아들에게 훈련뿐 아니라 바른 인성도 강조한다. 축구 기본기를 6년이나 가르쳤던 것처럼, 겸손하고 올바르게 살아가는 사람으로서의 기본기도 충실하게 가르쳤다. 그분의 책을 읽다 밑줄을 그었던 부분이 있다.

"상대가 넘어지는 것을 보면, 그 상황이 아무리 공을 툭 차면 골문으로 넣을 수 있는 좋은 찬스라 해도 공을 바깥으로 차내라. 사람부터 챙겨라. 너는 축구선수이기 전에 사람이다. 사람이 먼저다."

손흥민은 월드 클래스의 실력을 갖춘 선수라 많은 팬들의 사랑을 받고 있지만, 그의 따뜻한 마음도 인기에 한몫 한다. 몇 년 전 영국 카라바오컵 8강전 경기 시작 전에 사이드에서 몸을 풀고 있는 손흥민을 꼬마 팬이 불렀다. 그러자 그는 환한 미소를 지으며 아이에게 다가가 대화를 나눴다. 이 모습이 담긴 영상은 큰 화제가 되었다. 댓글에는 소년에게 잊지 못할 선물을 준 실력도 인성도 뛰어난 사람이라는 반응이 많았다.

최근엔 손흥민의 또 다른 팬 사랑 영상이 화제가 됐다. 올해 8월, 토트넘 홈구장에서 열린 경기를 마친 후 상대 선수가 유니폼을 교환하러 오자 손흥민은 관중석을 가리키며 거절했다. 경기 전 연습할 때 빗나간 슈팅이 관중석에 있던 소녀팬 얼굴에 맞았고, 손흥민은 무척 미안해했다. 그는 소녀팬을 잊지 않고 경기가 끝나자마자 다가가 자신의 유니폼을 주었다. 이 모습에 많은 팬들이 감동을 받았다. 실력도 사람 됨됨이도 기본에서 시작한다는 아버지의 교육 철학이 오늘날 월드 스타 손흥민을 만든 것이란 생각이 든다.

국내 유명 연예기획사인 JYP의 박진영은 연습생을 뽑을 때 인성을 가장 중요하게 본다고 한다. 사람의 됨됨이란 건 실체가 없어 보이지만 모든 면에 반영되기 때문이다.

12년간 88연승이란 대 기록을 세운 UCLA 농구팀의 감독 존 우든은 자신의 저서에서 농구선수가 되기 이전에 먼저 사람이 되어야 한다고 가르쳤다. 시작은 실력일 수 있으나, 실력으로 정상에 오르고 꾸준한 사랑을 받으려면 결국 인성이 필요하기 때문이다. 성실함, 겸손함, 책임감, 배려심과 같은 바른 인성은 나의 재능과 꿈을 담는 튼튼한 그릇이 되어줄 것이다.

나는 딸에게 바라는 것이 없다. 딸에게 이거 해라 저거 해라 잔소리도 안 하는 아빠지만 하나 잘하라고 하는 게 있다면 인사다. 돌아보면 우리 아버지와 똑같은 소리를 하고 있다. 인사는 인성의 기본이다. 내가 보여주고 또 가르쳐서인지 우리 딸은 마트,

목욕탕, 미용실 어디를 가든 꾸벅꾸벅 인사를 참 잘한다.

인성이 정말 스펙이 되느냐고 묻는다면, 무조건 그렇다고 대답하겠다. 요즘은 인사만 잘해도 반은 먹고 들어간다. 그 기본도 안 하는 사람이 많다. 나는 인성이 훌륭한 사람이 아니다. 기본이라도 열심히 하자는 생각으로 살았더니 많은 분들의 신뢰를 얻고, 청하지도 않은 기회를 얻었으며, 힘들 때 기대고 도움을 얻을 수 있는 이들을 만났다.

인성은 한 사람의 약점이자 경쟁력이 될 수 있다. 회사로 예를 들어보자. 인성에 문제가 있는 사람은 자기밖에 모르기에 동료와 조직에게 해를 끼친다. 특히 리더의 인성이 부재할 때 그 조직은 건강할 수 없고 쉽게 무너진다. 반대로 조직원의 인성이 형편없다면 아무리 실력이 뛰어나더라도 중요한 업무를 맡길 수는 없다. 조직 전체보단 자기 이익만 추구할 가능성이 높은 탓이다. 실력이 부족한 건 서포트 가능하지만 인성의 부재는 팀워크와 일 전체를 망칠 수 있다. 아무리 압도적인 실력을 갖추었다 하더라도 그것을 발휘할 기회를 잃는다면 아무 소용이 없다.

잠깐은 처세술을 발휘할지 모르지만 사람은 결국 본모습을 드러내게 된다. 장기적인 관점에서 보면 실력보단 인성이 뛰어난 사람이 앞선다. 겸손한 자세로 타인의 말을 경청하고, 나만 잘 되겠다는 이기적인 마인드 대신 서로 협력하며, 진심으로 상대를 존중하고 배려하는 사람은 어디서든 눈에 띄고 사랑받는다. 내가 회사 오너라도 그런 사람에게 중책을 맡기고 싶을 것이다.

 우리 어른들은 모두 이 사회의 구성원으로서 다른 사람들과 조화를 이루며 살아가기 위해선 사람의 됨됨이가 중요하다는 걸 알고 있다. 그런데 자녀에겐 인성을 말하기 어렵다. 시험 못 봤다고 방문을 꽝 닫고 들어가고, 부모에게 버릇없이 굴고, 예의 없는 행동을 해도 혹시 공부에 방해될까 봐 야단치지 않고 화를 억누르는 경우가 있을 것이다. 일단 대학부터 보낸 후에 인성을 가르치겠다고 스스로 위로한다. 하지만 올바른 인성에 대한 가르침을 받지 못하고 자란 아이는 은연중에 공부만 잘하면 모든 게 용서된다는 그릇된 믿음을 갖게 된다.

 아이가 이 사회의 구성원으로서 조화롭게 살아가길 바란다면 공부만 잘하는 아이로 키우기보단 인성 그릇을 키워주는 게 맞지 않을까 싶다. 인성이 바로 선 가운데 아이들이 꿈을 실현하고 행복하게 살아갈 수 있도록, 나는 그 기본을 알려 주려고 한다. 나부터 아이들에게 예의와 존중을 다 함으로써 본을 보이는 어른이 되어야겠다.

나는 4등 정도 되는
사람이고 싶다

"이따 맛있는 거 사드셔요."

"또? 하은이 옷이나 사주라니까."

지난주, 아버지를 뵙고 헤어지던 길 주머니에 오만원권 2장을 찔러 넣어 드렸다. 아버지를 뵈면 만원이든 십만 원이든 가지고 있는 현금을 털어 드린다. 친구분들과 맛있는 밥 한 끼 하셨으면 해서다. 이제 익숙하실 만도 한데 매번 손사래를 치시는 아버지. 당신 용돈 드리는 게 낙이라고 하면 웃기는 놈이라는 듯 미소 지으신다.

'우리 아버지 건강하게 오래오래 살게 해주세요.'

매일 밤 아이처럼 손을 모으고 기도한다. 중년의 가장이 된 지금도 아버지가 안 계신 세상은 상상만 해도 슬프다. 아버지께 잘하려고 노력하는 이유는, 나중에 못 한 일이 생각나서 후회하는 게 너무 두렵기 때문이다.

동생이 세상을 떠난 지 10년이 넘었다. 지금도 문득 동생이 내 곁에 없다는 걸 깨닫는 순간 가슴이 먹먹해진다. 이제는 좀 편해 지고 싶은데 여전히 동생 이름 석 자만 떠올리면 눈물이 흐르니 큰일이다. 이 책을 볼 부모님이 힘드실까 봐 동생 이야기는 마지막까지 고민했다.

동생이 세상을 떠난 건 힘든 취준 생활을 끝내고 롯데주류에 합격했을 때의 일이다. 입사 전까지 시간이 좀 있어서 컴퓨터도 배우고 친구들과 여행도 다니며 내 인생 최고로 편안한 날들을 보냈다. 인턴 잘 끝내고 정규직까지 되면 부모님께 효도하고, 동생에게도 많은 걸 해줄 수 있으리라고 생각했다. 그때보다 주머니 사정이 넉넉한 형이 되었는데 해줄 수 있는 게 없다는 현실이 슬프다.

자식을 잃은 부모님 챙기느라 내 슬픔을 돌보는 일은 나중으로 미뤘다. 이제 부모님을 지켜줄 사람은 나밖에 없었다. 입사 전에 생긴 일이라 회사에선 관심병사와 같은 존재였다. 많이 배려하고 챙겨주신 점 지금도 감사하다. 신입사원 엄기성은 울면서 출근하고 울며 잠이 들었다. 그 시절을 생각하면 가슴이 아려

온다.

 작년에 〈재벌가 막내아들〉이란 드라마가 화제였다. 재미있게 보는 주변 사람에게 물어보니, 전생의 기억을 가지고 과거로 회귀하는 이야기라고 했다. 살면서 과거로 돌아가고 싶다는 생각은 해본 적 없다. 지나온 길을 크게 후회하지 않는 편이기 때문이다. 그래도 만약 내일 아침 눈을 떴을 때 과거로 회귀했다면, 동생이 있는 어린 시절로 가게 되면 좋겠다.

 동생과 추억이 참 많다. 집에서 시내까지 왕복 3시간 반 거리도 둘이 손잡고 걸으면 힘든 줄 몰랐다. 겨울엔 썰매를 지치고 여름엔 한탄강에서 추운 줄도 모르고 물놀이를 했다. 형제라서 가끔 싸웠지만 형제이기에 언제나 함께였다. 동생이 성인이 되었을 땐 아르바이트한 돈으로 당시 유행하던 나이키 맥스를 사줬다. 좋아하던 얼굴이 잊히지 않는다.

 어릴 적엔 동생에게 멋진 형이 되고 싶었다.

 "형이 알려줄게. 형이 다 해줄게. 형만 믿어."

 동생은 우리 형 또 공수표 날린다고 콧방귀를 뀌면서도 나를 잘 따랐다. 나에게 그 아이는 멋지고 잘생기고 예쁜 내 동생이었고, 동생에게 나는 든든한 형이었다.

 과거로 간다면 내가 하고 싶은 건 단 한가지다. 동생과 더 많은 추억을 만들고 싶다. 그럼 우리가 일찍 헤어지게 되더라도 내 가슴 속엔 헤아릴 수 있는 너와의 추억이 많을 테니까. 나와 달리 내성적이고 섬세했던 동생을 밖으로 더 많이 데리고 다니고, 용돈도 많이 주고, 옷도 사주고, 같이 여행도 가고 싶다. 그럴 수 있다면 동생에게 멋진 형보단 좋아하는 형이 되어주고 싶다. 또 형이 너를 얼마나 아끼고 사랑하는지 귀에 못이 박히도록 말해줄 것이다.

사실 과거로 회귀보단 잠깐 천국과 연결되고 싶다.

"거긴 어때? 잘 지내지? 어머니와 아버지, 형을 잘 지켜보고 있니? 우린 잘 지내고 있으니 걱정하지 마."

동생의 안부를 묻고 우린 잘 지낸다고 말해주고 싶다. 언젠가 훗날 동생을 만날 때 동생에게 부끄럽지 않은 형이 되기 위해 앞으로도 더 노력할 참이다.

동생의 죽음 이후 더욱 확고해진 철학이 하나 있다. 1등보단 4등 정도인 사람이 되고 싶다는 것이다. 동생에게 존경받는 형보단 좋아하는 형이 되어주고 싶었던 것처럼 말이다. 나는 딸에게 존경받는 아빠는 아니더라도 정말 좋아하는 아빠가 되고 싶다. 후배들에게도 존경받는 선배는 못 돼도 자주 찾는 좋아하는 선배가 되고 싶다. 우러러 받듦을 받는 어려운 사람보단 언제든 찾아와 아무 얘기나 할 수 있는 친근하고 편안한 사람이 되고 싶다.

존경할 수 있는 동시에 사랑할 수 있다면 그보다 좋은 일은 없을 것이다. 그러나 나는 그런 깜냥이 되는 사람이 아니기에 존경보단 사랑받는 사람이 되길 택하고 싶다. 똑똑하고 잘난 1등보다는 가까이에서 사랑을 나눠주는 아빠, 아들, 선배, 선생님이 되고 싶다.

1등보다 4등이 되고 싶다는 내 삶의 자세이기도 하다. 스포츠를 보면 시상대엔 3등까지만 오른다. 3등과 간발의 차이라 하더라도 4등은 단상에 오르지 못한다. 메달과 축하를 받지 못했더라도 나는 기꺼이 박수 치는 사람이 되고자 한다. 등수가 낮다고 하여 내 노력이 물거품이 된 건 아니기 때문이다. 가끔은 운이 좋아서 내가 단상에 오른다. 그럴 땐 자만하지 않고 한결같이 최선을 다하려고 한다. 그런 자세가 일희일비하지 않고 내 삶을 지속하게 하는 힘이 되어준다.

살다 보면 일이 내 맘 같지 않을 때가 많다. 심혈을 기울인 일의 결과가 기대에 미치지 못해 실망감을 느끼게 된다. 이제 공부 좀 해보겠다고 덤볐는데 오히려 평균 점수가 떨어진 학생처럼 말이다. 이때 나보다 열심히 하지 않은 것 같은 누군가가 빛을 보면 부러움을 넘어 질투가 느껴진다. 내가 부족한 사람인가 싶고 뭘 잘못했나 자책한다. 나도 그랬다. 하지만 이젠 당장 성과가 안 보이더라도 내 페이스를 유지하는 사람으로 변화하는 중이다. 생각해보면 반대의 상황도 종종 있다. 정성을 들였을 땐 말도 많고 결과가 안 좋더니, 평소와 똑같이 하거나 그보다 노력을 덜 했는데 결과가 좋은 경우도 생긴다. 참 이상한 일 아닌가.

내가 내린 결론은 이렇다. 인생이란 원래 그렇다. 중요한 건 1등이든 4등이든 결과에 집착하지 않고 내 일을 꾸준히 해나가는 것이다. 그것이 외부의 평가에 휘둘리지 않고 내 삶과 일을 지속하는 방법이다.

인생을 산행이라고 보면 난 지금 한창 산을 오르는 중이다. 오르는 동안 천둥번개도 맞았지만 그럭저럭 잘해가고 있는 듯하다. 살면서 느낀 건 인생의 시련 속에 커다란 계획이 숨겨져 있다는 것이다. 이제 겨우 산등성이 초입에 올랐지만 지나온 길을 돌아보면 그런 생각이 든다.

나는 현재의 내 삶에 만족하고 있다. 소중한 가족이 곁에 있고 일도 즐겁고 이렇게 책도 쓰고 있다. 염려되는 건 오직 내 욕심이다. 욕심 때문에 길이 아닌 길로 가서 실족하거나, 준비 없이 덤벼들어 무사히 하산할 힘을 잃을까 걱정이다.

아직 정상으로 가는 여정이 남아 있는 지금, 나는 욕심을 내려놓고 싶다. 빨리 박사학위를 받고 싶은 마음, 사업을 더 확장하고 싶은 마음, 사람들에게 인정받고 사랑받고 싶은 마음 등. 일의 우선순위를 챙기고 너무 체력을 낭비하지 말자고 나를 다독이며 길 위에 욕심을 내려놓는다. 어깨가 한결 가벼워지는 기분이다.

또한 빨리 가려 하기보단 주변의 아름다운 경치를 감상하고, 사람들과 소소한 이야기도 나누며 재미있게 나아가려 한다. 삶을 살아간다는 것은 주변 사람들과의 관계 속에서 성장과 변화를 경험하며 점차 성숙해지는 과정이다. 인간은 혼자서 살아갈 수 없다. 당신이 넘어지면 내가 손을 내밀고, 내가 지쳤을 땐 당신에게 의지하며 인생을 동반하고 싶다.

나는 항상 꾸준히 성장하는 사람이 되고자 한다. 꾸준함과 성실함으로 어제보다 더 나은 내가 되는 느낌을 받아 본 적 있는가? 일단 한 번 경험하고 나면 이전으로 돌아갈 수 없다. 이것이 내가 아는 절대 뒷걸음치지 않는 유일한 성장 방법이다. 그렇게 지치지 않고 묵묵히 나아가다 보면 당신이 기댈 수 있는 든든한 사람이 될 수 있지 않을까.

그리고 아낌없이 사랑을 주는 사람이 되고 싶다. 혹자는 말한다. 많이 사랑하는 쪽이 지는 거라고. 그러나 후회하는 쪽은 언제나 덜 사랑하는 쪽이다. 그렇다면 나는 지는 쪽을 택하겠다. 지금보다 나이가 많이 들어 인생을 돌아봤을 때 덜 사랑해서 후회하는 일은 만들고 싶지 않다. 험한 세상에서 친절과 선의를 베풀 수 있는 진짜 강함을 갖춘 사람이 되고 싶다.

이 글을 읽는 모든 분들의 삶도 꽃처럼 활짝 피어나기를. 당신의 기둥, 친구, 모티베이터가 되고 싶은 남자 엄기성이 여기에서 응원을 전한다.

에필로그

　새벽 4시 45분. 취업을 도와주고 있던 친구에게 최종 합격 소식이 왔다. 문자를 보고 나도 모르게 "됐다!" 소리를 질러서 아내가 깜짝 놀랐다. 그 친구는 스펙이 훌륭한데도 자신감이 없고 자존감이 낮은 상태였다. 내가 취업 컨설팅에서 강조하는 것은 한결같다. 진정성, 용기, 자신감, 겸손한 자세다. 그 친구에게도 면접 볼 때 정답인지 아닌지 고민하지 말고 내 말이 정답이라는 생각으로 자신감 있게, 진정성 있는 태도로 임하라고 코칭했다. 예상 질문과 답변을 주고받으며 고생했는데 노력의 대가를 얻게 되어 내가 더 기쁘고 고마웠다.

　며칠 후엔 취업 캠프에서 컨설팅을 받은 친구가 원하는 회사에 면접을 보고 출근하게 되었다는 소식을 전해 주었다. 본인이 희망하는 회사에 취업한 것만큼 기쁜 일이 또 있을까. 무수한 실패를 딛고 롯데주류에 합격한 후 어머니께 울먹이며 전화했던 과거가 떠올랐다. 2023년의 마지막 남은 한 달에 기쁜 소식이 전해져서 내 마음도 따뜻했다.

연초에도 좋은 소식이 있었다. 강원 FS라는 풋살 프로팀에서 국가대표가 3명이나 나온 것이다. 내 주변 사람들은 내가 축구보단 풋살에 미쳐 있다는 걸 잘 안다. 지금은 풋살 사무국에서 물러나 있지만 지역 프로팀 창단에 작은 힘을 보탠 사람으로서 강원도 도청 앞에 직접 현수막을 걸고 싶을 만큼 행복했다. 국가대표가 된 친구가 그렇게 좋으시냐고 묻길래 웃으며 대답했다.

"날아갈 것 같다! 근데 이제 같이 운동장을 못 뛰어다닐 게 좀 아쉬워."

지난 해는 개인적으로 쉽지 않은 시기였다. 나를 가장 힘들게 한 건 여름에 사고로 아킬레스건이 끊어진 일이다. 아직까지 재활 훈련을 받고 있고, 다시는 축구나 풋살을 할 수 없게 됐다. 강연과 컨설팅을 다녀야 하고 사업상 사람들도 만나야 하는데 거동이 자유롭지 못해 타격도 좀 있었다.

자꾸 쳐져 있으면 안 될 것 같아서 생각을 긍정적인 방향으로 전환하려고 노력했다. 그러다 SNS에서 괴테의 글귀를 보고 용기가 났다.

"고통이 남기고 간 뒤를 보라. 고난이 지나면 반드시 기쁨이 스며든다."

내 삶의 경험을 비추어봐도 그렇다. 고난이라 여겼던 것이 결국 삶의 전환점이자 새로운 축복이 되지 않았던가. 그래서 아킬레스건이 끊어진 김에 내 아킬레스건을 극복해보자는 결심을 했다.

나는 끈기가 없는 편이다. 늘 그게 내 아킬레스건이라고 생각해 왔다. 바쁘다는 핑계로 운동을 꾸준히 하지 못했고 다리를 다친 후엔 움직이기가 불편해서 살이 더 쪘다. 그래서 다리에 무리가 가지 않는 사이클을 타며 하루 천 칼로리 이상 태우는 것을 목표로 삼았다. 퇴근하면 50분씩 비지땀을 흘리며 페달을 밟았다. 무엇보다 아내와 딸에게 변화된 모습을 보여주고 싶었다. 동기부여 한다는 놈이 이것도 못하면 안될 것 같았다. 매일 꾸준히 달리면서 재활을 하고 살도 15kg이나 뺐다. 딸에게 "아빠 아직도 뚱뚱해?" 하고 물어보니까 고개를 흔들면서 엄지를 치켜들었다.

작년을 기점으로 더욱 크게 자라난 것도 있다. 바로 내 고향 강원도에 대한 사랑이다. 정치외교학과를 졸업하고 국민들을 위한 입법과 정책에 대한 관심도 많은 편이지만, 실제로 현장에 참여할 기회는 없었다. 그런데 국회의원의 특별보좌관으로 활동하면서 지역 현안에 대한 공부를 많이 하게 됐다.

의정보고회를 다니며 지역민들을 만나고 현장의 소리를 듣는 경험은 특별했다. 지역 발전을 위한 정책과 공약은 어떻게 실현되었는지 함께 점검하고, 정치란 무엇인가를 고민하고 배우는 계기가 된 것이다. 내 고향 강원도 철원은 인구 소멸지역이자 접경지역이다. 지역민들, 특히 젊은이들이 고향에 터를 잡고 살길 바라는 사람으로서 강원도의 발전과 실효성 있는 청년 정책이 나왔으면 좋겠다는 생각도 했다.

고향 사랑이 둘째가라면 서러운 내가 할 수 있는 일은 과연 무엇일까? 나는 정치인도, 지역 유지도 아니기에 현실적으로 힘을 보탤 수 있는 건 봉사뿐이다. 그래서 하던 일부터 열심히 하기로 마음 먹었다.

올해 1월 1일도 봉사로 보람차게 시작했다. 강원도 18개 시군에 있는 고등학교 학생회장단 모임인 KLA과 함께 연탄봉사를 다녀왔다. 나는 KLA 1기이고, 20년째 꾸준히 활동을 이어오고 있다.

강원도엔 아직도 빈부격차가 심한 곳이 많다. 90세가 넘는 독거노인, 장애우 가정, 한부모 가정이 따뜻한 겨울을 보낼 수 있도록 회원들이 십시일반 모은 돈으로 산 연탄을 배달해 드렸다.

올해는 KLA 회원뿐 아니라 춘천 FC 초등학교 축구선수들도 참석했다. 총 100여 명이 4천여 장의 연탄을 날랐다. 얼굴에 검댕을 묻히고 고사리같은 손으로 힘을 보탠 아이들은 지금도 연탄을 떼며 사는 사람들이 있다는 사실에 놀란 듯 했다.

"우리 주변엔 아직도 연탄 세 장으로 하루를 보내는 분들이 계셔. 너희들의 작은 마음과 정성으로 이 세상이 좀 더 따뜻해졌단다."

내 말에 눈이 빨개져서 훌쩍이는 아이도 있었고, 내년에 또 오겠다고 하는 아이도 있었다. 요즘 아이들이 자기밖에 모른다고 하지만 그렇지 않다. 주변의 이웃을 만나고 더불어 사는 세상을 경험할 기회가 없었을 뿐이다.

갓 스물이 된 KLA 회원들도 함께였다. 1월 1일 땡 하면 술을 마시기 위해 12월 31일 밤부터 줄을 서 있는 사람들도 있다고 하는데, 이 친구들은 새해 첫 버킷리스트가 연탄봉사라고 했다. 봉사는 내가 많이 가져서가 아닌 마음과 정성을 나누는 일이고, 그것이 세상을 더 살만하고 훈훈하게 만든다는 것을 깨달은 청년들의 얼굴은 참으로 아름다웠다.

까마득한 대선배라 함께 어울리진 못했지만, 기특한 후배들이 삼겹살 파티를 하고 노래방 가서 신나게 놀라고 지갑을 열어주었다. 어울려 걸어가는 뒷모습을 보며 괜히 콧날이 시큰해졌다. 내 고향 강원도의 미래이자 대한민국의 미래인 빛나는 청춘들을 위해 보탬이 되는 사람이 되고 싶다. 다시 마음이 앞섰지만 아직은 내 분수를 알고 겸손할 때란 것을 잘 안다. 겸손하게 노력하다 보면 언젠가 내 별명처럼 든든한 기둥 같은 사람이 될 수 있으리라 생각한다.

나무는 겨울에 더 단단히 자라고 어둠이 짙을수록 빛은 더욱 가까이 있다고 했다. 2023년은 아킬레스건 파열로 인해 건강의 소중함과 가족의 소중함을 더욱 뜨겁게 느끼는 시간이었다. 힘들었지만 상황에 맞게 최선을 다했고 웃으며 2024년을 시작했다. 책 출간을 비롯해 박사과정의 시작, 특별보좌관 활동 등 앞둔 일이 많다. 기둥 같은 사람이 되겠다는 꿈이 있기에 희망과 기대를 품고 내일을 맞이한다. 앞으로도 엄기둥답게 변함없이 나아가겠다. 지켜봐 주시길 바란다.